走遍中国

霍晨昕 著

四川人民出版社

图书在版编目 (CIP) 数据

走遍中国 / 霍晨昕著. — 成都：四川人民出版社，
2019.1（2024.8 重印）

（图说天下．国家地理系列）

ISBN 978-7-220-10920-1

Ⅰ.①走… Ⅱ.①霍… Ⅲ.①旅游指南－中国 Ⅳ.
① K928.9

中国版本图书馆 CIP 数据核字（2018）第 181323 号

ZOU BIAN ZHONGGUO

走遍中国

霍晨昕 著

责任编辑	陈 欣
封面设计	周 正
版式设计	周 正
责任校对	冯 珺 王 璐
责任印制	李 剑

出版发行	四川人民出版社（成都市三色路 238 号）
网 址	http://www.scpph.com
E-mail	scrmcbs@sina.com
新浪微博	@ 四川人民出版社
微信公众号	四川人民出版社
发行部业务电话	（028）86361653 86361656
防盗版举报电话	（028）86361653
照 排	巨扬图书
印 刷	北京天宇万达印刷有限公司
成品尺寸	170mm×240mm
印 张	14
字 数	260 千字
版 次	2019 年 1 月第 1 版
印 次	2024 年 8 月第 5 次印刷
书 号	ISBN 978-7-220-10920-1
定 价	29.90 元

这些地方，你都耳熟能详吧。

可是，你真的了解它们吗？你的脚步，丈量过方寸中的几许？

毋庸置疑，这里，有我们中国大地上绝对值得人倾慕的地方：

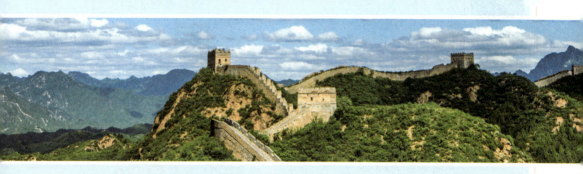

北京、天津，是老祖先留下的经典中的经典；中原，有它传承的文明之歌；东北，是一片神奇的黑土地；塞外，既有大漠黄沙，又有全球这一纬度上仅有的江南天堂般的草原；青藏高原，那纯粹的阳光伴着圣洁的歌谣，传承到每个到过、期待过它的人的心间；西南，不仅有梦想中的香格里拉，还有许多赛过江南的"珍珠"；两湖山水，自有其人杰地灵的魅力；江南云烟，江南风物，"江南"本身便是标签，便有着毋庸置疑的韵致；海边，自有沙滩、阳光的温暖；而香港、澳门、台湾，让你带着无限的期许与顾盼，一睹那些带着历史的印记却鲜活依然的所在……

不是知道便了解，也未必到过就熟稔。

不过，如果你曾经到过这里，那你可以再多一份晓然；如果你未曾经历，那么这可以是一个向导，一个提点，提点你进入多姿的中国天地。

《走遍中国》，通过这一篇篇汩汩流淌的文字，通过这一张张精心挑选的图片，抵达你向往的内心，让它走向更远！

目录
走遍中国
China Tour

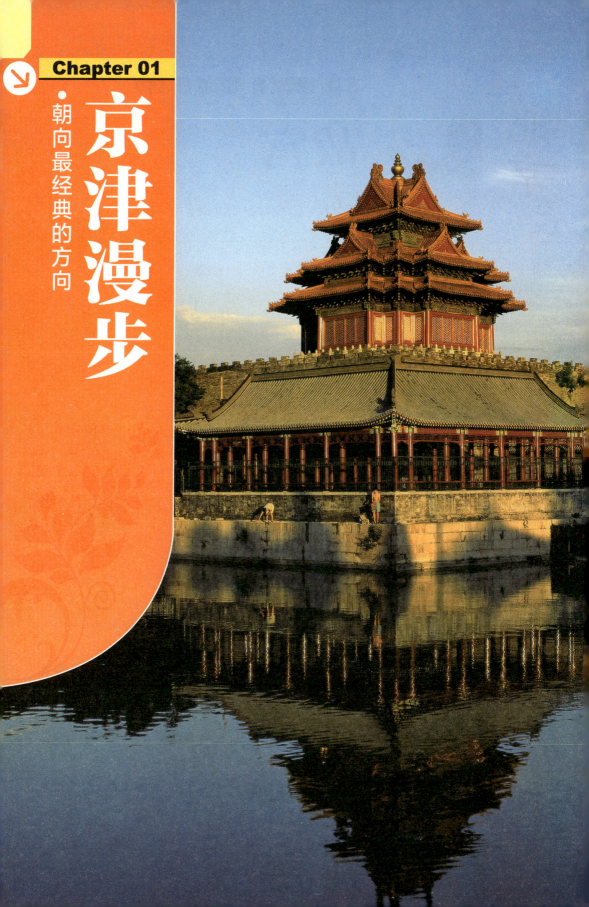

Chapter 01

京津漫步

· 朝向最经典的方向

北京

Beijing ·觅古寻今路

当北京的阳光恣意倾斜在每个角落，那点点斑驳似乎淡忘了凝重的往昔，曾经那般深刻，如今终抵不过时间的轮回。轻轻地走着，轻轻地抚摸，古老京城的片片印记在视野中逐渐模糊，以为遗忘了的，却突然变得历历在目。蓦然发现，那行走在时光中的历史，依然古韵十足。

故宫
The Imperial Palace ▶▶

君　　临　　天　　下

　　紫禁城曾经的辉煌已与那段历史时光一同远去了，可每当我们驻足在那座古老的宫殿前，依然会对她肃然起敬，也许是因为，如果抛开她所承载的时光，我们的今天，也便无从谈起。

君临天下，一种至高无上的权力。然而将斑驳的历史放大，也许就在某个不为人知的瞬间，细节之处的一片枯叶突然抖落，一种莫名的情愫涌上心头。除了淡淡的哀伤，还有对于过去的思索。过去，"故"去，留得一片红墙垒砌的城池，在人们的记忆中。

　　故宫，又称紫禁城，是明清两代的皇宫，堪称当今世界上无与伦比的建筑杰作，比起法国的凡尔赛宫、英国的白金汉宫、美国的白宫以及俄罗斯的克里姆林宫更胜一筹，被荣耀地尊封为"世界五大宫之首"。

　　很多人慕名来到故宫，就是为了欣赏中国古代建筑的辉煌与帝王的奢华。故宫始建于公元1406年，1420年竣工。这片堪称世界最宏伟的宫殿建筑群，南北长961米，东西宽753米，建筑面积有15.5万平方米，现存建筑980余座，房屋8700多间。上等木材、琉璃瓦顶、青白石座与各种金碧辉煌的彩画交相辉映，尽显出故宫的富贵荣华。

　　故宫很大，在游览之初，它的庞大往往超出人们的

❖12米高、3400米长的官墙将宫殿与护城河隔开。俯视故宫，52米宽的护城河就像一条蛟龙，静卧在宫殿门外，静静地守护着整座宫殿。

想象。午门、东华门、西华门、神武门分守故宫东南西北四个方向，与神武门相对的，是用土、石筑成的公园——景山公园，里面种满松柏，象征着万古长青。

以乾清门为界，在故宫内部，"外朝"与"内廷"两部分的建筑风格迥然不同。外朝以太和殿、中和殿、保和殿为中心，是皇帝举行朝会的地方，也称"前朝"；内廷以乾清宫、交泰殿、坤宁宫为中心，是皇帝与后妃的住所。

太和殿俗称"金銮殿"，在这个高26.92米、东西63米、南北35米、贯穿72根1米长的柱子的宝殿上，依稀能看到当时举行大典的场景。造型精致的鹤、炉、鼎，雕刻精细的屏风与整个大殿相互映衬，显得庄严而又绚丽。太和殿，跨过那道门槛，眼前便是大好的锦绣前程。古往今来，太多的人走上仕

❖昔人已去，日晷却依旧行使着自己的职责。

途——这条功成名就的道路。于是，一个又一个年轻有为的青年不远万里进京赶考，为的是"独上高楼，望尽天涯路"后的豁然开朗。

想象中的御花园，也许是姹紫嫣红，莺歌燕舞。可是跨入御花园才发现，满庭满院，处处是嶙峋的松柏和芬芳的芍药。或许，那曾代表一种单纯的寄托，在帝王的眉宇间，也流露出对于万古长青的盼念。松树，故宫中满眼苍劲的、四季常青的松。渴望永生、渴望长生不老、渴望益寿延年。一句"流水落花春去也，天上人间"似乎在不经意间便道出生命的真谛。而面前如此的恢宏气势，如此震慑人心。

走出神武门，登上景山，紫禁城的恢宏之气尽收眼底。一直以来，景山不仅闻名于滋养人心的地气，更闻名于它的三季花团锦簇，四季松柏常青。乾隆年间修筑的绮望楼，依山之势修建的五方佛亭，至今为人们所流连。那国色天香的牡丹在景山艳丽盛放，尊贵雍容的典雅瞬间便沐浴满园。一座人工修筑的皇家园林，就在这个偌大的京城低调地安享天年。每次途经崇祯帝自缢的古槐下，每次看着写满文字的石碑，都会不禁慨叹。

　　走出景山，看到护城河边石砖缝隙中钻出的嫩绿色小草，正在以顽强的姿态奋力生长着。心情突然觉得宽慰。这幸运的植物，天生便成长在充满帝王之气的紫禁城边，淡淡的绿色，洋溢着生命的色彩。夕阳西下，小草摇曳的腰身与紫禁城中斑驳的红墙、暗黄的琉璃一起，凝成一道别具韵味的风景。

　　而故宫中的坤宁宫在故宫内廷最后，是明朝的皇后寝宫，两头有暖阁，清代改为祭神场所。其中东暖阁为皇帝大婚的洞房，康熙、同治、光绪，均在此举行婚礼。

✿乾清宫

❀ 十七孔桥

颐和园
The Summer Palace ▶▶

古 韵 清 风 拂 碧 波

古老的京城，斑驳的红墙，嶙峋的山园……任时光荏苒，这注定是一座古朴悠然中被满腹沧桑浸染的城市，却在前行的途中，愈加容光焕发。道路两旁的月季娇艳地盛开，园中的牡丹优雅舒展，一座座皇家园林，在太平盛世中，更显出无穷无尽的韵味。

💠 清晏舫长36米，上下两层均用大理石雕刻堆砌，船顶为砖雕装饰，窗户为彩色玻璃，船底为花砖铺地，精雕细琢之技艺可见一斑。下雨时，船身的四个龙头会自动将雨水排入湖中，设计异常巧妙。

颐和园，山清水幽，景色秀丽。它坐落在北京城的西北郊，因为京城的地势自北向南倾斜，因而成为名副其实的"风水宝地"，自古以来，这片土地集帝王将相万千宠爱于一身。1764年，时值中国最后一个封建盛世——康乾盛世，颐和园始建成。它原名清漪园，最初只是帝后宫妃们休闲避暑的场所。雍正帝继位后，长期居住在西郊园林中，连同政务、读书、游乐一并在此进行，如此，这里逐渐成了政治和娱乐的双重中心。"颐和"的本意源自"颐养太和"。1860年，颐和园在第二次鸦片战争中被英法联军烧毁。1886年，清政府挪用军饷对其重修，并改名为颐和园，作为慈禧太后晚年的颐养之地。

除了紫禁城，这里是晚清统治者最重要的政治和外交活动中心，更是中国近代史的重要见证。

颐和园占地约308公顷，利用昆明湖、万寿山为基址，以杭州西湖风景为蓝本，汲取江南园林的设计手法和意境而建，是一座大型天然山水园，也是迄今为止保存得最为完整的皇家行宫御苑。

"虽由人作，宛自天开。"在造园艺术中，颐和园无愧于其"皇家园林博物馆"的美名，集万家之大成，尽显皇家园林的恢宏富丽，同时充满了和谐自然的盎然生趣。亭台、长廊、殿堂、庙宇和小桥等诸多人工景观与周围的自然山峦、粼粼湖面交相辉映，颐和园在中外园林艺术史上占有显著地位，自然在人们的意料之中。

规模宏大，是颐和园景区的第一大特色。在由万寿山和昆明湖两部分组成的景区中，水的面积便占到3/4。园内以佛香阁为中心，共有景点建筑百余座，院落20余处。佛香阁、长廊、石舫、苏州街、十七孔桥、谐趣园、大戏台等，都是后人游览时必观的景点，可谓世界建筑文化中的珍品。

未进颐和园，就已经被它雄伟的气势所感染。大门两侧傲然伫立的两座狮子，公狮右爪握球，象征一统江山；母狮左爪扶幼，象征母仪天下。走入大门是一对猪猴石；走进第二道大

❀颐和园中，有很多地方是依照江南景观而建，而这座拱桥，却有着皇家古典气质。

❀万寿山下是长廊，长廊边上则是一波静默湖水。

门，万寿石映入眼帘，万寿石后麒麟现身。在颐和园，世界上唯一一对"龙在下，凤在上"的雕塑，象征着慈禧太后至高无上的权力。

再往里，长廊显现。颐和园拥有世界上最长的长廊，1992年被列入"吉尼斯世界纪录"。它位于万寿山南麓，全长有728米，是中国园林中最长的游廊。700余米的游廊中，绘有图画上万余幅，将传统故事、山水风景、花鸟鱼虫置于画中。

长廊穿过佛香阁。佛香阁是颐和园里最大的工程，皇室在此烧香。它位于万寿山前的山腰处，建在一个21米高的长方形台基之上，是一座八面三层四重檐的建筑。阁高36.44米，8根巨大擎天柱支撑其间，结构复杂却异常精细。佛香阁以其庄重雄伟的风姿奠定了园中建筑群的主旋律，因为有它，方才凸显昆明湖的荡漾、万寿山的庄严；因为有它，皇家气派才能更添几分光辉。

颐和园的景区中，万寿山总能因其山间多而宏伟的建筑首先映入人们的眼帘。从山脚的"云辉玉宇"牌楼，经排云门、二宫门、排云殿、德辉殿、佛香阁，直至山顶的智慧海，形成了一条层层上升的中轴线。东侧有"转轮藏"和"万寿山昆明湖"石碑；西侧有五方阁和宝云阁；后山有西藏佛教建筑和五彩琉璃多宝塔；山上有景福阁、重翠亭、写秋轩、画中游，等等。诸多亭台楼阁，登其上方，昆明湖中秀美景色尽收眼底。

众多山上建筑，智慧海让人印象颇为深刻。"智慧海"原为佛教用语，本意用来赞扬佛的智慧如海，佛的法力无边。这个建筑看似木结构，事实上没有用一根木料，全部是由石砖砌成。因为没有横梁，也被称为"无梁殿"，又因为其中供奉了无量寿佛，所以也称呼它为"无量殿"。整个建筑全部由精美的黄绿两色琉璃瓦装饰，中间夹杂少量紫蓝色琉璃，远远望去，色彩鲜艳，富丽堂皇。尤其外嵌于壁面的千余尊琉璃佛，更是让人心生虔诚。

无论是远观或是近赏，昆明湖都是颐和园中最为娟秀的景色。碧波浩荡、余波

❖漫步于蜿蜒的长廊，抬头便能看到横梁上一幅幅精美的图画，或是历史故事，或是自然景观。

颐和园中"画中游"

"画中游"是颐和园中的一处著名景点。它依万寿山而建，正面有一座两层的楼阁，左右有名为"爱山""借秋"的两座楼。阁后立有一座石牌坊，牌坊后边是"澄晖阁"。建筑之间建有爬山廊。由于地处半山腰，加之建筑形式丰富多彩，所以远远望去，像是一幅中国山水画。

淼淼，堤上桃柳成行，十七孔桥静卧湖中；西边那艘很美的大船，若不是石头做成，定会在乘风破浪之时尽显英雄气势。

那石船取名清晏舫，有"河清海晏"之意。在整个颐和园中，它是唯一带有西洋风格的一处建筑。之前作为明朝圆静寺的放生台，乾隆修建清漪园时改名为"石舫"，光绪时更名为"清晏舫"。

古老的颐和园，从一个景点跨入另一个景点，便是从一个世界跨入另一个世界。这里景点之多，景色之异，数不胜数。

每当游人踏出颐和园的门槛，总是会不由得回眸。世事无常，风雨变幻，虽然历经数百年沧桑，颐和园依然屹立于青山翠谷之中，历久弥新。

❀赏山水园林，到了颐和园，就会被它的皇家气质所感动。

触摸北京的历史印迹

有人说，在北京游走的过程，便是触摸历史的过程。也许只是不经意地一抬头，便与古色古香的亭台楼阁不期而遇，在这里，可以追忆逝去的岁月，也可以追逐美好的未来。

有人说，在北京游走的过程，便是触摸历史的过程。也许只是不经意地一抬头，便与古色古香的亭台楼阁不期而遇，在这里，可以追忆逝去的岁月，也可以追逐美好的未来。很多人来这里，都是为了圆心中那个追逐多年的梦。

"不到长城非好汉。"对于这座世界最古老的伟大建筑之一，人们留下亲切而骄傲的激励。放眼望去，那1万2千多里的延绵不仅是真正中国古代文化的象征，更是整个中华民族的骄傲。浩大的工程，雄伟的气魄，中华民族的祖先时至今日仍然被全世界所钦佩，那伟大的建筑，让全世界的目光凝向一处——东方。

而天坛，是中国众多祭祀建筑中最具代表性的作品。它不仅是中国建筑中的璀璨明珠，更是世界建筑史上的绮丽瑰宝。肃穆、庄重、神秘、令人敬畏，遥想明清，每逢春秋大祭，帝王从紫禁城仪仗出行，来到这里，斋戒沐浴、奏乐礼拜，祈求上苍降福于人间，保佑黎民百姓风调雨顺。

踏着历史的足迹，来到雍和宫。这座北京保存最完整、规模最宏大的藏传佛教寺庙，来过的人无不被它辉煌的皇家园林建筑、神秘的藏传佛教神像以及独特的藏传佛教文化所吸引。那段最繁荣、最辉煌的历史风貌在这里被一一呈现。

昔日的"万园之园"，虽然今昔只剩下断壁残垣，却默默地向世人讲述着它的前世今生。在圆明园，人们感受到的，是对历史中辉煌的慨叹以及对屈辱的无奈。

静静漫步于北海，抬头望望那帝王心中的海上仙山，紫禁城西苑的美就这样尽收眼底。湛蓝的天空，湖面温柔的风时不时波光粼粼，站在历史与现在交替的地方，让人心中一片云淡风轻。

作为中国的首都，北京明清时的每一处繁华终究趋于平淡，令人铭记的，便成为历史。然而，在追逐和探寻的过程中，内心依然雀跃，因为我们抚摸过那块砖、那片瓦，面对它们的时候，是永远的心潮澎湃。

北海，中国古代皇家园林 ▼

蜿蜒的长城已经成为中国的象征，刻印在所有中国人的心里。

❀ 鸟巢内的楼梯

国家体育场
National Stadium

呵 护 生 命 的 奇 迹

　　一个孕育生命的巢，似一个摇篮，哺育生命的同时，更寄托着人类对于未来的美好希冀。国家体育场——鸟巢，在2008年之前被人们给予无限的期望，在2008年之后，更是延续了奥运的精神，成为中国和世界建筑发展的历史见证。

鸟巢，一个平易近人的名字。像所有哺育者一样，对天真无邪的生命给予最精心的呵护。看似简约的设计，却倾注了艺术家的全部心血；看似支离的形状，却载满了人类对于生命力的推崇。

❀ 灯火辉煌的鸟巢映衬在周围湖水中。

　　国家体育场——鸟巢，是2008年北京奥运会主体育场。它

的设计者来自五湖四海——2001年，在普利兹克奖获得者赫尔佐格、德梅隆以及中国建筑师李兴刚的通力合作下，一个生命的摇篮就此诞生。朴实的结构，丝毫没有掩饰地暴露于蓝天之下，在一片蔚蓝中显得无限宽阔。

自然的滋养是生命最为珍贵的力量。体育场的外壳甚至可以作为填充物的气垫膜，使屋顶完全达到防水的要求。即使如此，阳光依然可以穿透透明的屋顶，直接让赛场中央的草坪沐浴在日光中。

❖夜色中的水润般的水立方和灯火明媚的鸟巢。

在鸟巢中，随处可见的是设计中体现出的人文关怀。碗状座席，使观众无论在哪个位置，都能保持和赛场中心的视线距离在140米之内；特殊的吸声膜材料，使赛场中的语音清晰指数达到0.6；利用流体力学原理，保证每个观众都能享受到同样的自然光以及通风。除此以外，还特地为残障人士设计了轮椅座位，为他们提供种种个性化服务。

然而鸟巢对于中国人的意义，已经远不止于建筑设计上的意义。永远忘不了记忆中的8月8日。那一天，这个充满寓意的伟大建筑真正走进人们的视线，在这里，60亿人的热情被满载其中，奇迹与梦想就此展开羽翼，向更宽阔的天际飞去。

奥林匹克的圣火照亮每张充满期待的面孔，中国的56个民族，全球200多个国家和地区，世界在一瞬间缩小成一团，被鸟巢温柔地包裹。一段神话、一个奇迹，在中华大地上空冉冉升起，鸟巢内的欢呼声一浪高过一浪，在全世界的注视中逐渐连成一片希望的海洋。

骄傲，那种骄傲从心底蔓延至全身。每次从亚运村经过，总是会在鸟巢跟前停下来，静静地观望与回忆。

那个瞬间，圣火点燃了一个新的奇迹。如果说奥运是世界带给中国的一个契机，那么，中国人无疑在这个机会里写下了前无古人的奇迹。你能看到，那颗古老的东方明珠早已破茧而出，从鸟巢起飞，展开健壮的翅膀，扶摇直上。

水立方

国家游泳中心又名"水立方"，是为北京2008年奥运会修建的主游泳馆，位于奥林匹克公园内。同时，它又是本届奥运会标志性的建筑物之一。建设用地62950平方米，地下部分的建筑面积大于15000平方米。长、宽、高分别为177米、177米、30米，同"鸟巢"一起，分列城市中轴线北段的两侧，为历史文化名城北京再树形象。

❖ 北京的胡同中的
老四合院

北京的胡同

Beijing's Hutong »»

京　　韵　　十　　足

　　北京的胡同，仿佛是这座城市肌肤上的纹理，每时每刻都流淌出生动而又清晰的生活景象。

老 北京的味道，似乎融入了各种细腻的滋味，胡同，四合院，豆汁……

　　胡同，是北京特有的一种古老的城市小巷，大多形成于13世纪的元朝，到现在已经经过了几百年的演变发展，数量浩繁达数千条，胡同里的建筑几乎都是四合院。

　　"北京有名的胡同三千六，没名的胡同赛牛毛。"漫游在北京的胡同里，会发现它有着很深的意味。北京的胡同外表上看差不多，但它们的特色却各不相同。南锣鼓巷是一处保留得比较完整的区域，虽然历时700多年，这里依然保持着元代

❖ 胡同不仅是百姓们出入家门的通道，更是一座座民俗风情博物馆，烙下了许多社会生活的印记，充满着老北京的生活气息。

的"鱼骨式"格局。从元朝到今天，虽然昔日的繁华胜地已经成为历史遗迹，然而这些胡同却在日光之下自顾自地生息繁衍着，保持着一成不变的肤色。如今，这条巷子已经成为京城胡同文化的典范，游历其中，个性化的小店与古朴的建筑风格交相辉映，让人流连忘返。

北京的胡同可以说是北京历史的见证者，很多胡同里的一块砖、一片瓦都有上百年的历史——长廊的油漆已经布满伤痕，顶上瓦片中间生出顽强的各式小草，雕梁画栋也已残缺不全……但是，看着它们，并不会因为它们的陈旧而感到失望，反而会因为它们的残缺，感觉到那种幽深的美感，遂震撼于历史的沧桑变幻。

将过去融入未来，这也是北京的胡同文化今天的调调儿。外显的表象里，依然可以寻到历史的内容——街头艺人的拿手绝活、依然奔跑着的黄包车、街边古老的风味小吃店、路边操着京腔大声聊天的老人们……

穿梭在北京的胡同，仿佛时间停滞了。事实上，这些并不是错觉，你能看到，历史与现代在眼前不停地穿梭。

烟袋斜街

烟袋斜街是从鼓楼到什刹海银锭桥之间的一条纤细的斜街，历史上，这条街以卖烟袋、烟具为主。据说，有一家名叫"双盛泰"的烟袋铺曾竖立一个五尺来高木雕大烟袋，烟袋锅和烟袋嘴均涂铜色，烟袋杆刷黑漆，烟袋锅上系着红绸，迎风摆动。烟袋斜街因此而得名。

❀左：静静的北京的胡同，韵味十足。

❀右：黑芝麻胡同的门墩

天津

Tianjin · 静水幽城

古老的天津卫，一座懂得享受优哉的日子的城市。它从来不张扬，却在循序渐进中走进人们的视野，地位之固，坚不可摧。它是内敛的、古朴的，同时又是惬意的、牛气的，几个段子就逗得人们前仰后合，几个包子就馋得人们垂涎欲滴，几个泥人就引得人们爱不释手……一遭之后，人们便再也忘不掉它。

海河 *Haihe River* ▶▶

静　　夜　　思

这里也许没有黄浦江的浩瀚，也许没有珠江的蜿蜒，也许没有牡丹江的娟秀，可是游走其畔的时候，总能一下便体会出它的独到之处。望着夜色中的海河，伴着对往昔的追忆，重新书写，一首令自己满意的诗篇就这样呈现在眼前。

行 走在天津的街道，很容易不知不觉中陷入无限遐思。看着它静静地流过，仿佛载着旧日的时光，连伤感也一同被带走。流淌着的海河为整个天津平添了几许妩媚，几许灵气。白天河面的波光粼粼，夜晚河边的灯火阑珊，映衬着岸上高大的澳式建筑，隐隐透出当年的气派。蜕去历史的外衣，那接近日耳曼风格、意大利风格的建筑，与马可波罗广场交相辉映，广场中央的标志性建筑——和平女神雕像，似乎在昭示着古老的天津卫那份单纯的欲望。

海河是天津的母亲河，其干流西起天津金刚桥，东至大沽口入海，全长有70多千米，横贯整个天津闹市。时至今日，海河早已经从历史中蜕

❖海河的长乐桥，像一个摩天轮。

变，现在，它作为消暑度假的胜地，为人们提供了几许休闲的乐趣。

　　夜游海河，在仲夏如火的空气里感受那抹清新的凉意，悉心体会河面上的凉风习习，这样的体验，美哉乐哉。夜幕下的海河，似银河行走于天际。皓月星空之下，海河显得格外多姿多彩。来到塘沽海河外滩公园，踏上即将开航的豪华游船，耳边充斥着游人们的欢声笑语。继而汽笛声划破长夜，一段奇妙的旅程就此开始演绎。

　　彩色激光伴着水上喷泉，26种水球和巨大火球一下涌入人们的视线。一刹那，岸上的一切都变得迷离起来。"师夷长技以自强"，这片土地，曾经是清代洋务运动建立的轮船招商局码头和法德租界，如今，却成了人们戏水的休闲胜地，令人不得不感慨万千。民族的昌盛注定了今日的繁华，从历史向后看，我们前进的脚步正是足音铿锵。塘沽车站，1888年修建的中国第一条标准轨铁路的车站，就屹立在海河岸边，往来如梭的车灯照耀着它斑驳的身影，130年的历史使得它成为人们永远的记忆。再往前，天津港内码头一片繁荣的景象，这里，曾承载着厚重的历史。

　　游船航行的过程，其实是人们不断丰富自我内心的过程。在整个行走的过程中，往事历历在目。浪花中泛起的点点波光，似乎承载着记忆中的一隅，在与今天相互比较的过程中，逐渐眉头舒展，嘴角上扬。

❋海河美丽的夜景

❖海河的雕塑，存留西方的感觉。

大沽炮台
Dagu Fort Ruins ▶▶

威 立 着 的 百 年 沧 桑

在历史上，大沽口被誉为"津门之屏"，明代，大沽口开始设置防御，清代修建炮台，之后设施不断完善，遂形成了以"威，镇，海，门，高"为主体的防御体系。在近代，因为遭受侵略，这里更是成为北方的军事要地。"南有虎门，北有大沽"，它在历史中的地位不言自明。

老 天津人一直津津乐道于天津的三宗宝——鼓楼、炮台、铃铛阁。今日的它们，也许已经随着岁月的风尘逐渐被人们遗忘，可是历史，却深刻而清晰地呈现着它们与天津卫的渊源。

大沽炮台之上，一门门古铜色的土炮，坚实而厚重地伫立，体积庞大的主炮如同狮群傲然挺立，面朝东方的那片海域。相对于主炮，其他土炮群体积略小，炮身弹痕累累，却依然坚守着自己的岗位。

凝视整个炮台，这不起眼的场景其实正是人们来到这里的真正缘由。埋藏在炮台历史之中的，是那一段坚决抵抗外国侵略的爱国史，那段记忆，从不因岁月的流逝而褪色。

极目远眺之时，仿佛四周顿起火光，浓烟滚滚。坚守阵地的士兵，将爱国热情融入炮弹，面对敌人的残酷，毫无惧色，且更加勇猛……

山河依旧在，几度夕阳红。

大沽炮台就是如此一扇门，将士们叩开自己爱国之心的真切，更叩出中华民族永垂不朽的灵魂。

❀ 古老的大炮已经不再威风凛凛，但依然如昨日坚守。

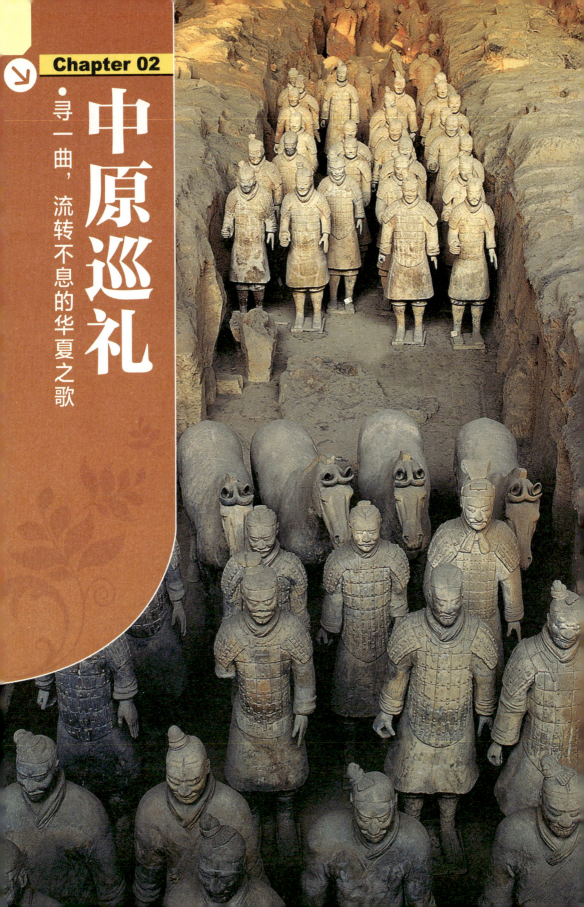

中原巡礼

·寻一曲，流转不息的华夏之歌

山东

Shandong · 安宁享天伦

　　有人说：山东从古代到现代，不论时间如何变迁，它总能让人惊叹。一份怡然自得的休闲，徒步行走于青山碧海之间，城市与自然没有明显的界线，休养生息如同置身于世外桃源……这里曾是孔夫子的故乡，曾是姜太公的封地，曾隐居一个妙笔蒲松龄，曾谱出数不胜数的人文乐章。

泰山 *Mount Taishan* ▶▶

云　　涌　　"至　　尊"

　　登泰山，不仅是一种意志上的磨炼，更是种自我的新生，如同泰山在面临百年风雨、千年沧桑中所经历的种种洗礼般。新生，由内而外，由灵魂至躯壳。

　　泰山蕴含着一种思想，内敛、深邃，夹杂着山水之乐，却在不经意间，将生命的真谛着实演绎。

　　一直以来，人们都对泰山充满了向往，历朝历代的天之骄子，都曾以泰山封禅为自身成就的最高境界，然而却只有几位帝王才有此尊贵的经历。几千年来，无数文人墨客纷至沓来，为的是一睹"首领"的风范。在这个极具文化内涵的地方，明清建筑的美轮美奂，将建筑、雕刻、绘画、山石与林木融为集大成的一体，是东方文明伟大而又庄重的象征。

　　泰山，风景名胜亦是数不胜数。在这里，自然景观

❖泰山岱宗庙。游人来到泰山，除了仰视泰山的雄伟，还可以体验一份虔诚。那其中，还可能有对自然的敬畏。

与人文景观完美地融合，从泰城岱庙到封天的玉皇顶，一条蜿蜒的曲线在与历史交融的瞬间巧妙形成长达10千米的文化景观——"地府"—"人间"—"天堂"。一路走来，中华民族几千年的历史清晰可见。

"会当凌绝顶，一览众山小。"一直以来，我们怀着对古人的崇拜、对泰山的期待不远千里直奔而来，登临泰山，犹如跨上长城的阶梯，激动的心情不能自已。雄奇的气势，秀美的景色，一旦迈开第一步，便注定要攀达玉皇顶。

"泰山观日出"，在泰山行中，这是最为壮美的一次游历。夜以继日的攀登，只为黎明时分的那眼眺望……

面对如此磅礴的气势，如此高大的山峦，人们的心中总是会顿生感慨，那是一种博大的精神，它以博大待历史，历史便在它面前大放异彩，仿佛是个智慧的长者，将几下长白的胡须，便将人生之理授之。"或重于泰山，或轻于鸿毛"，登过一次泰山，对这话的理解，便更加深刻。

泰山的云雾是泰山众多风景中值得推崇观赏的一处，站在泰山顶端俯视，团团白云与滚滚乌云相互交融，仿佛汇成一片奔腾着的海洋，可谓妙趣横生。观看这样的景观，会让人心潮起伏，思绪万千。

❀泰山日出。当人们站在泰山顶端举目远眺，视线中的那抹晨曦从灰暗转向淡黄，当第一缕阳光洒落，天幕就此被掀开，一轮红日就这样冉冉升起，遂金光四射。整片山峦尽染其彩，一幅壮观的云海日出图就这样封笔。

孔庙正门前的石坊群

曲阜孔庙
Temple of Confucius' Qufu ≫

曲 高 和 "众"

孔子以他的真诚，唤醒了无数懵懂的灵魂，散播了正义的种子。

站在孔庙回想孔子的一生，虽然之后君臣皆对他尊崇有加，可是，当他只身游走于诸侯之间、承受屈辱之时，那份艰辛，又有谁知？

曲 阜，"东方圣城"，是孔子的家乡。孔庙，中国历代封建王朝祭祀孔子这位伟大的思想家、政治家、教育家的地方，就坐落在曲阜城中央。

孔庙共有两道特别值得一提的门。第一道名为"棂星门"，又称"天田星"。古代祭天，要先祭棂星，孔庙设置这样一道门，意思是说"尊孔子如同尊天"。后人尊奉孔子，因此在孔庙的第一进院落左右两侧，分别修建了两座对称的木质牌坊，东题"德侔天地"，西题"道冠古今"。孔子功德之深厚，可见一斑。

圣时门始建于明永乐十三年（1415），设计美轮美奂，从拱门向里望，深邃莫测之感油然而生。跨过此门，豁然开朗，面前是一个大大的庭院，古柏成片，绿草茵茵。

孔庙中的至圣庙坊，牌坊上三个篆体大字异常突出。对"至"，人们有着各自不同的理解，如"孔子的思想是至高无上的"抑或是"孔子的思想前无古人后无来者"。无论哪种，都充分体现了后人对于孔子学说的认同和肯定。孔子的思想影响了数代君王，在他们看来，研读其思想犹如吃饭睡觉般日不可缺。所以，在庙堂可以看到很多御赐的石碑，在当时，是为了彰显皇室对于孔氏家人的尊重和荣宠。

孔庙中最大的石碑来自康熙皇帝。这块碑体并碑座共重65吨的康熙御制石碑，一路从京城运送至曲阜，沿途百姓皆下跪，如同见到圣旨一般，场面壮观之至。当时正值寒冬，交通不便加之工具简陋，可是高高的皇命在上，地方官员还是动用了300多位民工、200多只耕牛，用两根圆木压底，让石碑在上面滚动前行。如果再行不通，就在路边洒水，结冰之后，再利用圆木拖动，为的只是能够谨遵皇命，顺利到达曲阜……

❖ 孔庙内景

避暑胜地 话山东

一条引人注目的黄金海岸线，一桌使人垂涎的美味海鲜，将小腿浸入凉滋滋的浪花，管它烈日有多炎炎！通往避暑胜地的旅途中，齐鲁之地——山东，注定因其傲人的资本成为这趟列车无可挑剔的终点。

早在春秋战国时期，山东已经闻名于天下，这里的海产资源尤为突出，地理条件得天独厚，温带季风性气候人到人爱，青岛、威海、蓬莱等城市，成为山东省著名的避暑胜地，扬名海内外。

青岛是山东人民的骄傲，这个国际化的海滨城市一年四季温度适中。夏季有降雨，而绝无酷暑；冬季时间虽长，却没有严寒。

初踏这片土地，满眼的欧式建筑会让人误以为闯入了欧洲的后花园。走进美轮美奂的天主教堂为爱情立下一段盟约；站在栈桥公园的回澜阁感受丝丝清凉的海风；冲向辽阔绵长的海滨浴场让身体享受夏日冰爽；之后准备好你的胃，端起大大的啤酒杯，与国际友人一起，从8月的国际啤酒节开始，彻夜狂欢，不醉不归……醒酒之时，吟诵着"泰山云虽高，不如东海崂"这样的诗句，来到崂山的海光山色中喝一口冰凉入肺的地下矿泉水，霎时间，顿觉夏日已经过去了一大半！

▲ 青岛具备了大海的风情，城市的妩媚，乡村的清新。这里，就是梦想中的天堂。

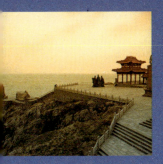

提到威海，它可能不如大名鼎鼎的青岛震撼人心，但它却是一个小而富有诗意的地方。这里被评为世界上最适合人居住的地方之一。在这里，如果你在海滨拥有一个小院或别墅，那份惬意，相信是你梦想中想体验的感觉。

▲ 威海海滨

顺山势而下，踏着波涛的旋律，只见浪花涌上威海的沙滩。

威海热爱它的子民，一如居民爱戴养育他们的威海。作为"世界上最适合居住的地方"，它从来没有过任何傲慢。这里打的便宜、交通便利、海鲜实惠，实在是夏季不可多得的避暑城市。有人说，这里吸收了海的精神、浪的美丽，以其特有的姿态构筑起城市的灵魂，此言精辟！

世外仙境云缥缈，玄门正宗有蓬莱。一直以来，人们都愿意相信，在那蔚蓝的大海之上，一定漂浮着几座仙山，如人间仙境般迷人，琼楼玉宇静卧山上，日日夜夜，美乐飘飘……在知道海市蜃楼之前，人们便知道了"蓬莱"，脑海中对于仙境的向往，也就从此烙下印记，凝在山东的蓬莱与长岛之上。每逢夏日，蓬莱与长岛都是人们驱车全速赶往的地方。这里的景致有些许不同，多了几分"仙气"。

"仁者乐山，知者乐水"，在蓬莱与长岛，山水相依，人们的精神境界达成完美的统一。在这里，海洋世界的美妙让人欲罢不能，和渔民一起出海打鱼的悠闲惬意，更如同一枚碎冰，擦拭着人们烦闷的内心。

海是快乐的美丽精灵，是涌动的悦耳旋律；在大海面前，城市也踮起脚尖，微笑地跳起芭蕾。山东有幸聚集了这么多城市，在盛夏午夜剧场的帷幕后面，它就像一个有着丰富经验的歌舞团团长，看着灯光照耀下那些曼妙的身姿，微笑地扬起嘴角……

河北

Hebei · 盛世遇皇尊

这里有嫦娥曾经遗落的妆镜，这里有康熙北巡时的惦念，这里有碧绿的天然草毡，还有肥沃的天然牧场。王侯将相称这里是人杰地灵之地，甚至将自己的陵墓都安置于此……河北，山水共生中，孕育出低调的绮丽；时光交错间，落下骇世的空灵。

白洋淀

Lake Baiyangdian »

且　　听　　荷　　吟

对于荷花，中国人总有着一股莫名的眷恋。而荷边的芦苇，就如同痴恋她的情人，随风轻摇的姿态，仿佛在朗诵着一首绝世情诗，将心底的爱恋向荷——倾诉……

仪态万千，碧荷蓝天；苇绿鸟鸣，北国江南。说到河北，你可以不知道铁球、面酱、春不老，却不能不知道华北明珠——白洋淀。从名字的三个字，便隐约可看到一股湿漉漉的水汽。

有人曾这样形容白洋淀："天生动地映在水波里，鱼像是游在半空。"的确，在面对如此美妙的大自然时，那种从心底深处滋生的向往，真的会化作一种动力、一种情绪。人们在亲身感受之后，会留下非凡的记忆。

春暖，白洋淀水域清澈见底，浩渺烟波让人仿佛置身仙境，翠绿的芦苇奋力地生长，为整个淀区带来盎然的生机；夏凉，这时的淀区，荷花开得正艳，望着湖内点点白帆，感受着湖面吹来的微风，热意顿消；秋爽，肥硕的鱼儿欢快地跳着，迫不及待地竞相上岸，蟹籽肥美，丰收的欣喜映上渔民的眉梢；冬趣，千里冰封，万里皑皑，一个巨大的天然冰场就在淀区形成，人们自由地驰骋其中，笑声闹声连成一片……

有这样一个美丽的传说，相传很久以前的中秋夜晚，嫦娥偷吃仙草，迫不得已离开月宫，就在她即将落入凡间的那瞬，猛然惊醒，可随身携带的玉镜却不慎掉

落尘世。镜子碎裂成为143块，形成现在白洋淀的143块淀泊。即使是今日，人们仍然快乐地讲述着这个美好的传说，不仅因为白洋淀带给人们愉悦享受，更是因为这里已经成为河北人民生活中不可分离的一部分。在历史上，关于白洋淀的评价数不胜数，今日淀区曾有"燕南赵北"之说，因为这里正是横跨燕赵的土地，这土地一直以来都拥有迷人的地理风光、重要的军事地位，被文人墨客反复吟咏。

随着时代的发展，如今的白洋淀除了风景秀美，享誉中外的"全鱼宴"更是可餐。

作为河北菜的全鱼宴，属冀中南派，山区禽类和水区鱼类是主料。在白洋淀，全鱼宴是菜肴中的特色精品，讲究的是因材施艺，烹制鲜活，通过高超的刀工和特殊的烹调，让人食鱼而不见鱼，配之以富有诗情画意的造型，其绝妙的滋味，大概一辈子都会唇齿留香。

游一趟荷花大观园，精品荷园、精心园、垂钓园、民俗园让人流连忘返；走一遭文化园、西淀风荷、东堤烟柳、康熙水围行宫、嘎子村让人寻古叹今；戏一次鸳鸯岛，芦苇环绕、鸳鸯映月让人为感情而动容。

如今的白洋淀，像是一座大观园，却纷而不繁、杂而不冗——似乎是因为灵魂深处仍保留着荷的特质。

上：夏凉时的淀区，荷花开得正艳。

下：秋冬时的白洋淀略显萧条，但这正是为保存实力，为来年更加美丽。

✿ 青青的草原景象

坝上草原

Bashang Grassland »

美 丽 的 天 然 草 毡

　　草原，辽阔而苍茫的草原，就在人们用手挡住额头极目远眺的瞬间，将自由与广博凝成一道永恒的风景。

蒙古语中，这片地域被称作"海留图"，意为"水草丰茂的地方"。即使是这样一个生动的名字，也无法囊括它湖水的清澈、青草的肥美、羊群的惬意……这里就是坝上草原。行走于华北平原到内蒙古高原交界的地方，地势陡然升高，因此以"坝上"得名。一直以来，坝上草原都是坝上高原的重要组成部分，有着得天独厚的别样风景。

　　坝上草原旅游季节的平均气温在17摄氏度上下，既不会太热，又不觉太冷，可是，依然能在夏日品到芳草鲜美，依然能在冬日欣赏白雪皑皑。它西起张家口，东至承德，在这350

✿ 农人满载着秋日的收获，赶着马行走在大草原。

平方千米的草原之上行走，看着脚下的繁花满地、碧草成波，看着头上的云朵轻舞、天穹压落，天空与地面的距离就这样被不断压缩，"天地为伴"的感觉油然而生，仿佛一转身便能和云朵擦肩而过。

来过的人都说，仿佛坝上草原有着与生俱来的魔力，炎热到了这儿都要绕行。的确，草原的夏季没有酷暑，有的，就只

是清新宜人。坝缘随处可见色彩斑斓的野花，那绚丽的花朵自顾自摇曳着绽放，在晨曦中睁开双眼，在四季中更换盛装。坝缘山峰多不胜数，与坝区接壤，到处是采不完的山珍、享不尽的美味。伸手触摸那潺潺的小溪，冰凉一下子流遍全身。四周是高而笔直的白桦林，站在树林中，沐浴着叶片周围漏进的斑斑点点的阳光，心情也跟着变得微凉起来。

❀羊儿满坡、遍地秋色的坝上草原，如画一般让人痴迷其中。

来到草原，哪有不去骑马的道理？也许，就在那美丽风光之中，骑着骏马畅快游走，"草原英雄"的美名就此收纳囊中。一匹青色的蒙古马，很长的鬃毛、健壮而高大的身躯、优美的线条和结实的肌肉让人一下便想起徐悲鸿笔下的《骏马图》。骑在马背上的感觉超乎你所有的想象，视野倏然开阔，挺起胸脯的瞬间，胸中涤荡着股股豪气。策马扬鞭，在一片绿海中疾驰，如此快乐，如此酣畅淋漓。驾驭缰绳的瞬间仿佛驾驭着自己的命运，小心翼翼却又迫不及待。

夜晚，在皓月下围起一团篝火，或是与恋人倾诉衷肠，你侬我侬；或是与天南海北的游人把酒畅饮，大口喝酒大块吃肉；或是围着火焰载歌载舞，用身体绽放热情；或是就那么静

❖坝上的蒙古包好像朵朵美丽的花儿点缀在草原上。

静地坐着，与草原对视，与星空攀谈……此情此景，如何不叫人心生愉悦？

清晨，伸着懒腰与朝霞摆手，穿过眼前柔软的天然草毡，选一处喜欢的地方，静静地看着那轮红日冉冉升起，从心底体验那份"出生"的喜悦，也许在这样的美景前，对人生的美好又多出几分爱恋。就在这个时候，牛群、羊群成片成片地出现，远远望去，那行走的姿势仿佛滚动着的棉花糖，洋溢着可爱与壮观。

活力四射的坝上，汇聚笑声的草原，可爱的羊群，悠扬的马头琴。无论是夏日的云花野芳还是秋日的万山红遍，无论是白天的色彩斑斓还是夜晚的静谧安详，每时每刻，坝上草原都像一首优美的诗，抑或是一幅多彩的画，在日与夜的交替中，在大自然的美丽传说中，不断变换着色彩，让人们忍不住一遍又一遍地从头读起。

闪电湖

闪电湖是坝上草原著名的景区之一，这里湖水清澈而美丽，宛如镶嵌在坝上的一颗璀璨明珠，将坝上草原装点得更为多姿多彩。在闪电湖畔，万顷草滩尽收眼底，风景如画，美丽异常。

承德避暑山庄

Chengde Mountain Resort ❯❯

沐　浴　时　光　的　清　凉

　　承德避暑山庄，一座有山有水的皇室独享地，如今掀起羞涩的面纱，将美丽的容颜一一展现。

避暑山庄位于河北承德市中心北部。相传当年康熙北巡，发现承德的地势优良，气候宜人，加之风景优美，遂选定这里建行宫。从康熙到雍正，从雍正到乾隆，耗时90年，行宫终于竣工。这里不同于紫禁城的奢华，似田野里淡淡盛开的野菊花。

　　走进山庄，里面参天的树木，清新的芳草，伴着时而嗅到的花香时而听到的鸟鸣，合奏成一曲自然之乐。

　　内午门过后，康熙御笔金匾上的大字格外吸引人们的关注——"澹泊敬诚斋"。如此雅致的名字，是否能让人联想到大清皇帝的大家风范？整个殿堂"秀外慧中"，似乎从骨子里便流露出古朴和典雅。

　　穿过澹泊敬诚斋来到"四知书屋"，低调的摆设却难掩尊贵的氛围，当年皇帝便是在这里召见大臣商议政务。那时候，皇帝就寝于烟波致爽殿。走上特别为胜地楼铸造的假山，一片湖光山色尽收眼底，当年的帝后眼中，也曾是相同的斑斓。

❀龙腾色黄，皇家之气息浓重。

　　避暑山庄的景点着实多，看一看万壑松风殿，走一走松鹤斋，似乎山庄里的每一处风景背后，都有着一段美丽的故事。

　　山庄的西北山顶是观光的最佳地点，站在亭子里，整个

❀上：山庄中的烟
雨楼，名副其实一副
烟雨蒙蒙的神色。

❀下：山庄中荷叶
下，鱼儿戏水，一派
江南水乡景色。

❀右：水心榭。悠悠水上有楼阁，再借了远山中的黛色，更似山、
水、人无声唱和。

承德的风貌都映在眼中，承德著名的外八庙，其宏伟壮观与金
碧辉煌的建筑也可以一并领略。从前康熙皇帝不远万里来到山
庄，为见少数民族的首领，在这里依据他们的生活习惯和宗教
信仰建筑了这些寺庙，"建一座庙胜养十万兵"，深得人心。

山庄的东南是一片湖区。这里的风格与江南水乡稍显相
似，柔美之情充斥其中。一路烟波浩渺，如临仙境。在淼淼
碧波之间，那座突兀的小岛略显羞涩地呈现。小岛名作"金
山"，金山上，峭石横生，草木葱茏。整座山上遍是亭台楼
阁，似乎小岛是一块磁石，专吸宝物。金山山顶，一座直立的
长亭跃然凸现，与山脚下形如弯月的回廊相互映衬。

据史料记载，避暑山庄的金山岛原是仿照镇江的金山寺而

建。当年康熙南巡，路过镇江，饱览金山寺的秀美风光，回到京城后总是心驰神往。于是，在避暑山庄内修起一座金山，了却当年未尽的留恋。

本是山林一色的自然景观，却在中央竖起那样一座岛。若不是帝主宠幸之至，它也不会拥有山庄的各式珍宝。康熙皇帝亲自为金山上殿宇题额，山上的天宇咸畅殿和镜水云岑殿更是纳入他亲自所题的"避暑山庄三十六景"之中。同时，他还赋诗作画，描绘"通阁断霞""层岩千尺"，莫非是想靠笔墨将如此美景永久珍藏？

山庄很大，大到非要亲自感受才知如何形容。山庄很美，美到停泊数日仍然不愿离去。在风波涌动之时，在绿树成荫之下，在美轮美奂之中，那份感怀，就此定格。

❀ 金山上的帝阁。天子应于此远望天下。

河南

Henan · 念天地之幽

天生的古城，在历史长河中犹若昙花一现，在佛祖的庇护下，平凡地安享晚年。即使这样，它仍被后世景仰、追忆。古刹悠然的钟声，敲醒城中往事；少林禅宗一卷，抖落一地繁华；遗落的是过去，读懂的却是现在；转身的瞬间，那一片晴雪，正映出河南的真谛……

龙门石窟

Longmen Grottos >>

泽　　世　　石　　佛

石窟中巧夺天工的造诣，早已将虔诚之心付之于石崖，后人的仰视与触摸，其实是人与佛的对话，在敬仰之时，已经将灵魂涤荡。

洛阳，素有"九朝古都"之称。作为中国最为著名的古都和中原历史的发祥地，它以其众多的古迹被世人熟悉。其中，龙门石窟便是最典型的代表。

横跨于伊河上的那座雄伟建筑便是龙门大桥。跨过大桥拱门，便来到龙山第一洞穴——古阳洞。一尊佛、两弟子、两天王。雕刻之精细，使佛像生动、圆润、饱满。看着佛像炯炯有神的双目，似乎身心都沐浴到灵气。奉先寺是龙门唐代石窟中最大的一个，有着非比寻常的意义。从佛像的造型中便能领略"贞观之治"时的繁荣昌盛。中国书法史上的里程碑——"龙门二十品"，大部分集中在这里。宾阳中洞是龙门石窟不得不提的经典之作，整个开凿过程长达24年之久。在洞中，三尊佛像为北魏晚期风行

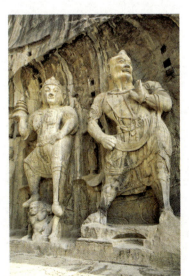

❀ 石窟内雕像

的"秀骨轻像"的典型代表。洞窟正壁的释迦牟尼像，那清瘦的面容，大大的眼睛，细腻的衣锦，让人瞬间置身西域，如沐佛光。

龙门石窟中的雕刻，错落有致，栩栩如生。

　　万佛洞就在宾阳洞的南边。南北石壁中刻满了小佛，大小不一，数量多至15000尊。

　　逝者如斯，整个龙门石窟中的大小佛像，虽然在自然风蚀或是人为破坏中屡遭风霜，受到不同程度的破坏，然而让人欣喜的是它们的今日。窟中人群往来如梭，想必他们目光触及雕像时的心情都能引起彼此的共鸣。今天的龙门石窟，是历史遗迹，也是中国古典文化的象征，人们前来观望，为的不只是探访，更是感怀。

　　美丽的伊河仿佛一位智者，在守护石窟的过程中遂变得波澜不惊，仿佛华夏民族千年的风霜雪雨都飘落到河中，顺着它蜿蜒，一去不返。这位智者的眼中只有将来，只有庇护子孙的坚定信念。

少林寺
Shaolin Temple ▶▶

古　　刹　　寻　　踪

　　每每提到少林寺，总是联想到牧羊女那铜铃般的笑声。20世纪的同名电影影响了太多人，从此古刹悠然的钟声成为人们心中挥之不去的一个梦，少林寺也从此蜚声海外，游人络绎不绝。

少林寺理所当然地成为天下第一名刹。作为禅宗和武术的双鼻祖，中岳嵩山腹地的"少室山下的茂密丛林"——少林，就此得名。传说当年释迦牟尼十大弟子之一摩诃迦叶的第28代弟子达摩来到少林，并且广收门徒，开始传授禅宗。因为少林武术自成体系，且风格独特，由此，少林派在江湖名声大振。少林寺被后世深深推崇，不仅留下丰富的文物宝藏，更留下大量艺术珍品，从北宋的初祖庵大殿到明代

❖ 少林寺塔林

的五百罗汉巨幅彩画，再到清代的石刻、少林拳谱……每一记笔触，都凝聚了武林至尊的大家风范。

◈ 少林寺内古老建筑

少林寺以南北为中轴，分布着若干杰出建筑，东西两侧为附属设施。从山门，经天王殿、大雄宝殿、方丈室、立雪亭直到千佛殿一步步迈入传说中的少林寺。无论是建筑群的形式，还是方位空间的选择，甚至周围景观的搭配和雕刻绘画的附着，似乎都在演绎着"天人合一"的崇高境界。禅意无处不在，在少林寺，永恒的禅意让人们身临其境。大雄宝殿就在山门的正面，袅袅香烟缭绕殿上与雕梁画柱相得益彰，悠扬的佛教音乐从大殿传入耳鼓，一股静谧而严肃的气息充斥其中。

壁画是少林寺历经千年沧桑后神采奕奕的最佳证明，那古老的画种，复杂的构图，绚烂的颜色，让人慨叹。游走于千佛殿，亲眼所见西北墙上绘有《五百罗汉朝毗卢》，每个罗汉的姿态和神韵无一相同，或沉思或举手，或谈笑或持法，或手舞长棍或朗诵经文……这便是传说中的少林寺，这便是少林禅宗。游人在蔚为壮观的殿堂里，虔诚地上香、叩首，为后世的幸福做最真挚的祈祷。

步入千佛殿便是步入了少林武堂。排列整齐的千佛殿，间隔有序且深度相同的48个脚窝，少林武僧们的汗与泪就此洒落。传说，在少林寺习武，练三年腿功后方可修炼其他。

传说中的武功虽然遥远，禅意却显现在人生的各个阶段。浮世尘华之上，如何才能持有一颗纯粹的心灵，如何才能时刻警醒自我？一种超然、一种脱俗换得一世清新，这样的道行，真的值得用一生的时间来参悟。

少室晴雪

少室晴雪是少林寺一个颇为奇特的自然景观。在少林寺对面有一块天然形成的巨大的石坡，每逢夏季大雨过后，天气转晴，日光便会照射到石坡上犹如银光般反射。站在少林寺方丈室前的月台举目南望，山峦中的银光像白雪，正折射出耀眼的光芒。

千年韶华——河南的古都

Henan

回眸历史，许昌，不仅是群雄逐鹿之地，更是建安文学的发祥地。这里历史悠久、人杰地灵，被封以"中原粮仓"的美誉。从魏文帝立魏开始，这里的名称便一直沿用至今天。

"春花秋月何时了，往事知多少？"中国八大古都里，河南占了一半，无论是安阳还是开封，或是洛阳与郑州，单是名字便让人联想到无数风流人物。身着黄袍的枭雄胆略，弯月挂额的凛然正气，伴着古都的厚重与沉稳，一气呵成一卷生动逼真的史诗。

走在安阳，置身古老却举世闻名的殷墟，视线所及之处，尽是宫殿庙宇遗址。冲击视线的不只是这些建筑，而是殷墟为华夏文明乃至人类文明做出的独特贡献。它从来都不是几座简单的建筑、几所废弃的遗址，它是一座都城，远在3300年之前，这里的政治、经济已然形成，一个王国的缩影便呈现在这里，殷墟昔日的风貌铺就了华夏民族的今天。

踏上开封的土地，仿佛那种凛然之气顷刻便传入每根神经，地域的厚重潜藏着太多往事，漫步在寻常巷陌中，古文明的美丽就这样绽放在眼前。唐宋的坊、元明的胡同、清代的街衢、数不尽的名寺宝刹、看不完的大家风范……庄严与空灵彼此交替，在时间的更迭中让人慨叹不已。八朝古都，九代帝王，流水落花春去也，不知今昔是何年！

遥想洛阳，九朝古都。中国的历史中，洛阳曾演绎着怎样的风流？那傲人的繁华让人惊诧。龙门石窟的恢宏、玄奘故里的清幽、唐三彩的华贵、洛绣的美丽……每到洛阳的一处，似乎都见证着不朽的辉煌。

回眸历史，许昌，不仅是群雄逐鹿之地，更是建安文学的发祥地。这里历史悠久、人杰地灵，被封以"中原粮仓"的美誉。从魏文帝立魏开始，这里的名称便一直沿用至今天。这里三国文化丰富，且开创了久负盛名的建安文学，不仅是"画圣"吴道子的出生地，大文豪苏轼、著名诗人沈德潜更是对此地颇为流连……

▲ 安阳殷墟出土的商代刻辞卜骨

殷墟文字又称甲骨文，是在河南安阳小屯发现的，是现在发现的中国古代文字中较有体系的文字。

河南坐拥多朝古都，存在着许多古文化遗址。而这个车马坑，是年代久远的殷代遗迹。

▼河南安阳殷墟博物院的车马坑

　　据史料记载，中国第一个奴隶制王朝夏代曾建都于此——郑州。在相当长的时期内，它曾是整个国家的政治中心。与安阳、开封、洛阳一起，郑州被列入中国的八大古都，五朝为都、八代为州的光辉荣耀，使郑州犹如一位年迈的将军，傲然伫立且威风不减。蜿蜒的黄河岸边，这里曾被人们称之为"中原"。一句"中原"，勾起多少男儿闯荡江湖的侠客梦；一句"中原"，牵出多少前朝往事。

　　韶华不为少年留，恨悠悠，几时休？寂寞深处，无言上西楼。十年贪欢一晌梦，算白了，少年头。对于河南的故都，人们总难免有这样的意象在脑海中显现：白马寺的悠然钟声、洛阳城外灼眼盛放的牡丹……如梦境般地纠结在一起，既深刻又隐约，既慨叹又惋惜。欢乐都逐韶华去，惟有人，折杨柳。当韶华逝去，折一枝杨柳，送一份思念，记得曾来探望过，感受过，融入过，便已足够。

山西
Shanxi

· 黎民之雀跃

曾经地广人稀的土地上，智慧在一刹那苏醒，留下一笔繁华。山西是片异彩纷呈的地域，既有古踪可寻，又有高山可攀，佛光庇护下尽显宁泰安康。来自民间的建筑杰作让皇室慨叹、在不经意的一瞬，便将恣肆奔腾的黄河扼于壶口。山西，因地貌而声名大振，因历史而让人流连……

五台山
Mount Wutai >>

佛　　佑　　苍　　生

　　置身犹如人间仙境一般的五台山，穿越茂密的树林，跨过清澈的溪水，呼吸新鲜的空气，尽享迷人的景致，这样惬意的游历过程，岂不快哉？

坐落于山西省内的五台山，不仅是著名的佛教圣地，更是难得的避暑佳境。它与浙江的普陀山、四川的峨眉山、安徽的九华山齐名，历史源远流长。在数座多姿多彩的古建筑群中，无数善男信女来此进香，无数中外游客来此消夏。

　　关于五台山，一个流传千载的传说一直为人们广为传颂。相传，五台山原本气候恶劣，酷热难当，漫山遍

野的飞沙走石，让当地黎民百姓苦不堪
言。文殊菩萨为了搭救百姓，从东海龙王
那儿借来歇龙石，镇住了施虐的妖魔，从
此五台山百草竞发，一片生机盎然。人
们为了感念文殊菩萨的恩德，特地修筑
起清凉寺，并将这里称为"清凉山"。
此山到了北齐才更名，因为是5座顶平如
台的山峰环抱组成，所以称之为"五台
山"。显通寺是五台山历史最为悠久的寺庙。在这个面积约8
万平方米的寺庙中，大小铜铸佛像万余尊，门前钟楼上那座重
达5吨的铜钟，每每敲击，声音洪亮而悠然，传遍全山。

❖ 五台山建筑

　　塔院寺原是显通寺的塔院，明代重修舍利塔时被独立为
寺，以供奉佛陀真身舍利的大白塔而得名。它位于寺庙之前，因
其高大醒目、位置优越，曾一度被看作是五台山的标志性建筑。

　　在大大小小的130座庙宇中，时刻都能感受到五台山的
历史文化。游走其中，仿佛时光倒流，返璞归真之感油然而
生，是厚重的沉淀却无时无刻不在升华出更为耀眼的光芒。
沃土滋生的锦绣中华，生动翔实的佛教文化，怎能不叫人慨
叹？也许，在一片葱茏之中，五台山的静默便是佛教中最为
高深的境界，而那些千丝万缕的香火，便是佛教信徒最为深
刻的虔诚记忆。

❖ 香烟缭绕的五台
山，彰显了佛教的静
谧氛围。

❖ 古城上火红的灯笼

平遥古城

The Ancient City of Pingyao »

正 是 繁 荣 昌 盛 时

穿越时光的隧道，一座古城出现在面前。逼仄的巷弄，夕阳渐远的瞬间，让人忘记朝夕的更迭，青砖灰瓦的触痕中，依然还是明清时的温婉。

一座古城，背负起太多往事，留给后人的，是一场千年的迷局。康熙四十三年（1704），皇帝西巡路经这里，一声令下，四面楼起，平遥的城池从此更加壮观。在那6000余米的周长中，平遥就此被一隔为二，城中彼岸花开，城外恍若隔世。如今墙内依稀明清风韵，街道、店铺、市楼鳞次栉比；墙外新址横生。古代与现代交相辉映，让人慨叹不已。

驻足于别致的城楼，仿佛自己是几百年前的一名书生，在城楼之上，遥望着自己的仕途梦。

在古城的中心，一座18米高的市楼格外夺人眼球。围绕它的是四大街、八小街和七十二小巷，放眼望去，布局合理，有条不紊。在平遥的大街，古店铺、古招牌随处可见，或者雍容华贵，或者醒目异常。在这样的

❖ 夜晚的平遥多了分妩媚，少了些骨鲠。

情景之中，历史不再遥远，伸伸手摸摸牌坊，便是与历史对话了。"古色古香"的真谛被诠释得淋漓尽致。

平遥是全国第一家票号诞生的地方。"日升昌"便在这里创立。对于中国近代的金融业，它的创立有着重要的地位。那时候，一些大商号经营大宗的跨地区业务，因为巨额现银的携带不便，一种专营于汇款的票号行业就此诞生。鼎盛时期，"日升昌"曾有过全国二十几家的店铺，由于诚实守信，业务甚至远赴日本、新加坡等国外地区。小小的票号竟然"汇通天下"，前人的智慧甚至被后人所推崇。依票号原址而建的博物馆中，不仅记录着当年票号业的兴衰，那独具特色的建筑艺术，同时也吸引着更多人的观摩。

平遥就像它的名字，平凡而遥远。来一块当地特产的牛肉怎么样？"肥而不腻，瘦而不柴"，原来这牛肉也曾修行了几百年呢！

平遥商人创造了一个时代，时至今日仍不断地继续着。他们靠自己的辛勤劳作和诚实守信使这里昌盛的火种一直延续。鞋子踏在石板铺就的地面上，在巷子中发出嘎嗒的声响，走在这里，心中满溢着欣喜之情。多想就这样一直走下去，走进古城的清幽，走进古城的时光……那一路的旅程，将伴随着美丽的心境一同谱写出晋商文化的后续篇章。

❖ 古老整洁的房舍，成了现代人凭吊和敬仰的所在。

"大院" 拾零

　　山西，地理位置独特，是中原与北方游牧民族物资交换的腹地，加之晋中南的地少人稀，人们理所当然地选择了外出经商。因为诚实守信的性格、团结勤俭的作风以及严谨科学的管理，晋商的事业就此平步青云。而回乡后，他们就建起了座座大宅。

▲乔家大院一角

电视连续剧《乔家大院》热播后，它的故事发生地山西乔家大院更成了人们关注的地方。

　　一部《大红灯笼高高挂》不仅成就了一个女子，更成就了一片院落。从此，晋中地区的"大院"一发不可收拾，无论哪个季节，都会迎来络绎不绝的游人。一片黄土地，一片未开化的混沌，犹如盘古开天辟地时的景观。不经意间的觉醒，几经沧桑，终于在古今变迁之后成为一处特别的地域风情为人所称颂。

　　20世纪30年代，大师梁思成在山西考察古建筑时，那富丽中蕴含的深邃让他印象深刻。他在回忆录中感慨地写着："这种房子在一个庄中可有两三家，遥遥相对，仍可以想象到当日的气焰，其所占地面之大，外墙之高，砖石木料上之工艺，楼阁别院之复杂，均出于我们意料之外许多……由庄外遥望，十数里外犹见，百尺矗立，崔嵬奇伟，足镇山河，为建筑史上之荣耀。"

　　山西，地理位置独特，是中原与北方游牧民族物资交换的腹地，加之晋中南的地少人稀，人们理所当然地选择了外出经商。因为诚实守信的性格、团结勤俭的作风以及严谨科学的管理，晋商的事业就此平步青云。由于难舍对故乡的眷恋，苦心在外经营的商人在飞黄腾达之后便在原籍置起屋宅，一座座大院便奇迹般地出现在晋中那块不算广袤的土地上。

　　豪华、气派，这是晋商实力的最真实写照。看不尽的大院高墙，仿佛里面是享不尽的荣华富贵。

　　"皇家有故宫，民宅看乔家。"乔家大院是第一个为人们所熟知的。在这个完全城堡式的建筑里，院墙如同城墙，高大程度可见一斑。从前，更夫夜里便行走在院墙上，每每响起梆子，那声音洪亮，方圆十里都听得到。乔家大院的布局讲究的是一个方正，工工整整的建筑风格配之豪华的家具摆设，一眼望去，不禁让人遥想起大院繁华时的种种。一盏盏火红的灯笼高高挂起在院墙，燃尽一地沧桑的流年。

渠氏家族是明清以来闻名全国的晋中巨商，由此观之，渠家大院便也成了不容忽视的一处宅院。罕见的五进式穿堂院、栏杆院、统楼院与包厢式的戏台院被称为渠家大院的"四绝"。远远望去错落有致的屋顶，悬山式、歇山式、卷棚式、硬山式……让人惊诧不已。院落中的技艺精湛的石雕，尽显渠家大院的高雅美观。

曹家大院突出富贵之气。整体结构遵从篆书书法中的"寿"，"多寿多福多子"是曹家大院的主旨，三座四层的堂楼，虽不霸气，却充斥着贵气。

在一片连绵的山脉间，一片山坡上，王家大院依其特有的姿态伫立其中。红门堡建筑群的总体结构，隐一个"王"字于其中，作为太原王氏后裔的静升王家，大院似乎饱含他们对于家族的殷切期望。

每个大院都展现出独特的民俗风情，每一处场景都包含着中国晋商文化。从这些恢宏的建筑中，从这些寓意丰富的图案中，我们似乎将晋商文化的脉络重温。且不论大院衰落的真实原因，单是放眼于大院建筑的绮丽豪华、交相辉映的辉煌，便足够让人们放飞遐思、遨游万里。

平遥被称为"民间的故宫"。到了这里你会发现，这种说法绝非虚言。

▼平遥古城中的宅院

壶口瀑布
Hukou Waterfall »

汇 万 千 壮 观

一种冲动，一种奋发，仿佛置身于滚滚波涛，身心皆被震撼。那如万匹战马齐奔的恢宏场面在瞬间便征服全部的感官。

::::黄河水到壶口后奔腾而泻。

一直以来，我们习惯了将黄河贯穿于各种比喻，它的奔腾、它的不羁、它的浩荡让其他河流相形见绌。在遭遇壶口之前，黄河是一个不朽的传说。

不知是峡谷征服了黄河还是黄河畏惧了峡谷，在晋陕大峡谷，一个瀑布就这样形成。"源出昆仑衍大流，玉关九转一壶收。"这是古人对它的描写。在它面前，无论黄河曾有过怎样的张狂，也在骤然间收敛。随着河水不断地聚拢，奔腾咆哮着跃入深潭，刹那之间，溅起巨浪无限。仿佛一只神来之手倾倒巨壶，从壶口源源不断倾倒而出的，便是滚滚黄河水。

壶口瀑布西濒陕西，东临山西，宽达50米，落差约30米，最大瀑面超过3万平方米。在中国，它是仅次于贵州省的黄果树瀑布排名第二的瀑布。每当黄河水流至此，那超过500余米宽的洪流瞬间被束缚，形成上宽下窄之势，在数十米的落差中倾涌而下，声势仿佛从巨大无比的壶中倾出，故取名为"壶口瀑布"。

在壶口瀑布，两大著名奇观甚是罕见。

由于壶口瀑布的落差巨大，瀑布下的水流湍急，在这里行船几乎是很难实现的事情。从壶口上游向下的船只，都要到上边龙王庙那里停靠，待货物全部卸下，人们用担挑或用畜驮，直到下游的码头。与此同时，还要将空船拖至下游。待水流变缓，再重新载人装物，继续前行。然而，在"旱地行船"的过程中，经常是充满艰辛。

另一处景观，名为"水底冒烟"。在黄河途经壶口的地方，由于瞬间激起大量水雾，水雾在腾空之时幻化成小水珠，数千米之外远观，便是一片片浓密的烟雾，弥漫于天际，久久不肯散去。

如果拥有过人的胆色，不妨到那距离瀑布只有数米之遥的巨石上留下值得珍藏的瞬间。一阵惊魂未定之后，那征服了黄河的自豪感定会让人们刻骨铭心，与满身的潮湿和褐黄色的泥点一起，成为永远的纪念。

来壶口瀑布看黄河倾流，更像是一次洗礼，在风声水声中着实体验那种大浪淘沙的本色。看似狂暴，却仍能与自然和谐共生，成长为一处独特的风景。阳光折射中，彩虹依稀可见，那斑斓的色彩，其实正是黄河飞流中彰显出的另一种瑰丽。

古河名胜

离壶口瀑布不远的南边，便是龙门上口——孟门。"孟门夜月"和大禹治水中的"镇河石牛"分置其中。游人先游壶口，再走孟门，最后来到龙门，被称为"黄河游三绝"。

❖ 赶上黄河汛期，瀑布水势汹涌，扬起满天水汽。

陕西

Shanxi

·举杯邀明月

陕西，掩藏太多尘封故事的地方，除了见证一代代"江山才人"的轮换更迭，更守住了古都的命脉，让长安的风韵历久弥新。在这里，让人感叹的不只是攀爬华山时的艰险，更有秦始皇陵的盛世重现。一座座古城楼，一朵朵山丹丹，在稍纵即逝的韶华中，独一无二地绽放……

华山

Mount Huashan >>

征 服 生 命 的 高 度

华山是中国五岳之一，同时被人们封为"奇险天下第一山"。

似乎巍巍然的华山注定和道教一脉相承，或者说华山和道教本乃天造地设。在人们的臆想中，它们如同得道的仙人，俨然一副"道可道，非常道"的姿态，在喧嚣尘世中倍显宁静与豁达。

华山山势峻峭，壁立千仞，群峰挺秀，以险峻称雄于世，自古以来就有"华山天下险""奇险天下第一山"的说法。

华山有五峰，朝阳、落雁、莲花、云台、玉女，而登上华山的最佳路径是柱峰向北倾斜的这条路。东南西三面皆是陡峭的悬崖，让人望而生畏。东峰朝阳峰海拔2096.2米，是华山的主峰之一，因为朝向东方，更成为著名的观赏日出之地。在峰顶上，有一处平台，居高临险，视野格外开阔，人称"朝阳台"。

相传，南峰落雁峰的由来是因为回归大雁常在这里歇息。峰顶，便是华山的极顶。在峰顶眺望四周，顿觉视野辽阔之至。那10余平方米的平坦峰顶处，有一个直

❖ 自古华山一条路。这样的道路，实在是考验人的所在。

径约为1米的天池。大石头中央，竟然生长着一棵根基粗壮的墨绿色松柏，华山的确神奇，纵使山上的植物，也都突显出神奇的特征。

西峰莲花峰因其形状像莲花而得名，峰侧一块巨石，拦腰断为三截，石头下方的空间，仿佛一位妇人仰卧后留下的印记。这便是传说中沉香劈山救母故事的源头。

登华山，需要的是屏气凝神的专注，那样的时刻，心就只惦记着一件事情。石头台阶容不下一只脚，调整姿势倾斜着前进，额头上阵阵发热，似乎有滴滴汗珠冒出。

华山因为其险峻，才让人有谨慎行走、渐行渐歇中观赏美景的深刻记忆。宛如道家的修行，在磨砺中蜕变，在困苦中奋发。端坐于华山峰顶，就这样，洗却尘世浮华，恍然不觉中进入另一片宁静世界。

华山有一座玉泉院始建于宋仁宗皇祐年间，是中国北方一座出名的全真派道观，是道士贾得升为师傅所建，几经破坏几经修缮。千年来，这里会聚许多名人高道讲学修炼。玉泉院内，近代冯玉祥的题字也列在其中。

西安 Xi'an »

遥 望 古 城 ， 梦 回 长 安

　　"西安自古帝王都"，这句话容不下丝毫怀疑。也许每个人都无法读透它，也许读透的人仍觉得肤浅。从古至今一直一直蔓延，古朴的城市和生命的气息，铿锵中永远是帝王之气，永远是生命最原始的颜色，纯粹而张扬，蓬勃且高昂。

　　江山代有才人出，各领风骚数百年。在世事更迭面前，西安永远流露出释然之情。

　　西汉初年，刘邦定都关中，意欲长治久安，故取名"长安"。明洪武二年（1369），明政府改其名为西安府，取义"安定西北"。它的久远，远不止如此。从公元前11世纪到公元10世纪的2100年中，13个朝代在这里更迭。它与雅典、罗马、开罗并驾齐驱，是一座无可取代的古都。

　　无知的人指责它今日城墙粗糙的纹理、斑驳的图案，恰似一种渗入肌肤深处的暗淡，像是到了垂暮之年的老者，面庞上的老人斑清晰可见，永远不可能抹去洗净。然而，透过它的眼

❀古老的城墙，还有护城河，显示了西安作为古都的魅力。

睛，你会看到那深邃的眼神中融入了一抹婴儿般的湿润。那湿润是它的少年时光，那湿润随时会再次映出历史的辉煌。

古城楼兰，今日只剩下一地风沙；古都安阳，如今只剩下一座废城。而西安经历了战火、沐浴了灾难，却一路披荆斩棘，成了不老的传说。丝绸之路从这里伊始，唐僧取经从这里出发。三千竹简，写不下古老的西安。行走在今天的西安，汉唐的神韵清晰可见。护城河水依然清绿，钟楼城墙依然挺拔。

"华岳仙掌、骊山晚照；灞柳风雪、曲江流饮；雁塔晨钟、咸阳古渡；草堂烟雾、太白积雪。"在西安的碑林里，那块清代碑石详细记录了以西安为中心的"关中八景"。然而那份久远，在千年古柏之间的风骨和神韵，又怎是只言片语可以叙述得清的？抬起头，火红的夕阳可是汉时的那轮？

今日，西安仍被懂得它的人无限青睐。走下鼓楼，穿过城门，熙攘的人群、独具特色的小店映入眼帘。到露天小吃店一品正宗陕西小吃，记得留下空余的胃，为了前方不远处那同样让人垂涎的小吃。大而深的碗里，是满满当当的羊肉泡馍。将干软的泡馍撕碎，扔进油汁中，大块羊肉熟烂酥软，嗅着那份扑鼻的香气，真想一辈子就定居在此。

说不清是因为这里的历史还是建筑，是民风还是品质，总觉得那份感觉似曾相识。也许在若干年前，在几番轮回之前，自己本是一个寄情山水的乐观文人，来到长安，从此便迷恋上古城厚重的美感。在时间与空间编织出的错误中走失，于是时时渴盼，期望有一日，可以重游故地，永驻长安。

上：大唐芙蓉园位于古都西安大雁塔之侧，是中国第一个全方位展示盛唐风貌的大型皇家园林式文化主题公园。

下：西安碑林

秦始皇陵兵马俑

Mausoleum of the First Qin Emperor Terracotta Army

气　吞　万　里　山　河

　　很多时候，尤其面对强大的力量时，越想表达，越是无从表达。几千年，无数个沧桑的日夜，无数个转瞬的流年，无数个风花雪月的过往，无数个风驰电掣的瞬间，邪恶的、美好的、深奥的，最终被时光包裹，成为历史的永恒。为后人发觉，或许是为了让其瞻仰和留念。

　　无论是经意还是无意，西安的黄尘古道总是显出与众不同的气息。奔赴这里的人们，大多流露出虔诚而清澈的眼神。那些历史长卷中几个细腻的笔触，让人们无上崇敬：似乎在行走的瞬间，丝绸之路上清脆的驼铃声已穿越长卷，古城街道中斑驳的城墙已跃然于卷外。

　　然而，在面对另外一样景观时，那种强大的震慑瞬间让所有灵魂无处可逃。那份厚重之感，让所有笔触皆失去艳丽的色彩。历史的天空下，怀旧光华。中国几千年的文明背后，总掩藏着帝王权力的恣肆。然而，有限的生命终究是无奈无限的时光，几十年后，人们视线所及之处，无非又多出一座皇陵。

　　秦始皇陵兵马俑的出土，一跃成为"世界第八大奇迹"，它的意义，在历史与美术史的范畴中大放异彩。兵马俑的表情，很

♣ **俑坑中的俑兵**

快便将人引入战马嘶鸣的画面，我们仿佛看到，那运筹帷幄的将军正努力地指挥，神态各异的士兵正积极响应。时至今日仍然锋利的武器，精良的做工，实在是蔚为壮观。

❁壮观的俑坑，吸引着无数人前来观瞻。

秦始皇，一个有着重要功绩的帝王，完成了历史性的统一，开创了一个时代。秦始皇，一个稀世的暴君，对百姓压榨剥削，直至江山尽失。

走在兵马俑馆内，树木的葱茏让人忘却回忆历史时的紧张。面前，便是被誉为"青铜之冠"的铜马车。那凝重的气息，更显得马车气势不凡。

秦俑文物展厅内，灯光幽暗。后人对于文物的关怀，融入了全部人文情感。透过微弱的灯光，等比例缩小1/2的铜车马映入眼帘，如此精致细腻，如此富丽堂皇。一个小小的马车，暗藏机关，可以调整伞盖的方位用以遮风挡雨，可以让人坐卧看到车窗之外，还可以防止外面向里窥探。

秦俑，印证了一段记忆。在风起云涌过后，它们进入低沉的梦境。梦中的呢喃或许是关于精忠报国的信誓旦旦，又或许是携妻带子荣归故里的渴盼。

时间太快，太匆匆。那段睡眠还没有自然地苏醒。记忆跳回到2000年前。那一天，当最后一铲封土遮挡住最后一缕阳

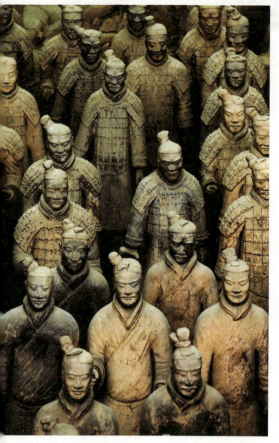

❀俑坑中密密麻麻的陶俑，像当年一样守卫着秦始皇陵寝。

光，人们的脚步越走越远。从此，墓地陷入一片凄冷与荒凉，那些兵俑坚守着虚实无度的荣耀，从此开始漫无边际的等待。等待一个"轮回"，一次命运的转换。本该是驰骋在疆场，本该是亡命于天涯。或是等待千年之后的一声铲音，虽不知今昔是何年。

秦始皇陵是中国帝王陵中最为奢华的一座，规模之大，可谓前无古人后无来者。陪葬物之多，让后人汗颜。古语有云：乱世出盗贼，盛世现奇宝。当沉睡千年的兵马俑凌空出世的刹那，仿佛时光逆转，盛秦再现：坑道内，一列列锈色兵俑整齐地排列，军容之威严，气势之磅礴，千军万马的恢宏就此呈现。这不是幻觉，或许可以被想象成一段风化了的历史，2000年之后的某一天，"咒语"解除，历史重现。

那一支集庞大、豪华、英勇为一身的军队，曾陪着他们的君王一路披荆斩棘。"静极则生动，愈静则愈动"，充满生气、形态各异的兵俑，在一片静态的陆地之上，将那种巨大的威慑力表达至极。或是昂眉张目，或是肃然伫立，气吞山河的磅礴气势中，彰显出秦始皇兵马俑"内在的生气、情感灵魂、风骨和精神"、空前绝后，无与伦比。

而今，战车不再驰骋，战马不再奔腾，一切对峙都已偃旗息鼓，曾经炽烈燃烧过的大地陷入万般寂静。那些与秦始皇同葬的兵马俑，仍然以寂寞的姿态站在那里，深情中充满期待，充满渴望奋勇杀敌的情愫；似乎时刻在等待着君主的一声令下，伴着出征时的高涨气势，为秦国再立一次汗马功劳。

八百里秦川大地上，那些鲜活的面孔，那些矫健的身姿，从此演绎成一个不老的传说。

Chapter 03

东三省拾趣

·林海雪原的变奏

辽宁

Liaoning ·北方初探

一只彩蝶翩翩起舞，落在那一片宫阙的琉璃瓦片上。北方以北，给了我们更多的期待。很想看海，顺着渤海湾的步子，一步步地跳跃，然后华丽地转身。也许你知道，也许你不知道，那潮汐漫过的沙滩上，曾记录着起点和终点的脚印，像我们逝去的华年，像夏夜的浪声滔滔的海边……

大连 *Dalian* ▶▶

面 朝 大 海 ， 春 暖 花 开

……

陌生人，我也为你祝福
愿你有一个灿烂的前程
愿你有情人终成眷属
愿你在尘世获得幸福
我只愿面朝大海，春暖花开
　　　——海子《面朝大海，春暖花开》

大连，一个遥远的北方城市，辽阔湛蓝的大海、明亮干爽的阳光，到处是高挑漂亮的北方姑娘。这里充满了无限风情，浪漫注定与整个城市结下不解之缘。一面与青山相依，另一面与大海为伴，这个出于山峦地带的城市，却从不因峭壁般的海岸线失去点滴美好的色彩。从星海广场到十八盘，从棒棰岛到金石滩，每

❖ 大连百年城雕

经过一处景致，感受着拂面的轻风，一路播撒下无限欢笑，将记忆的花蕾涂鸦上最斑斓的烂漫色彩。

❖大连星海广场夜景

星海广场似乎成了大连的象征，建在香港回归之际的这个亚洲最大的公众广场，每时每刻都向世界讲述着今日朝气蓬勃的新兴大连。广场北部，现代化的星海会展中心拔地而起。南部，是百年城雕，在那里，100双脚印全部由真人踩成，代表大连过去历经的百年沧桑；而天真的儿童雕像，则意味着人们对于美好未来的盼望。

金石滩，这里爱意正浓。这里一向因为湿润的气候被人们亲切地誉为"东北小江南"。每每来到这里，眼前总是那片绿荫葱茏的姿态，和着淡淡青草的香气，在花丛中尽情舒展开来。"十里黄金海滩"的金沙在阳光下热烈地闪耀。

大连是这样一个地方：当你双脚踏上这座城市，便再也舍不得移动步子。清新的空气，一尘不染的花瓣，阵阵海浪冲上沙滩，在时光的悄然中给予着城市安静的祥和。海风，凉爽的，舒服的，让人想到若干年前海子对"面朝大海，春暖花开"的憧憬。

沈阳故宫

Imperial Palace of Shenyang ≫

孩 提 时 代 的 梦 境

或许在这里，努尔哈赤和皇太极女真人的剽悍早已融入当地人的风俗中，那磅礴的气势，从来都不必特殊解释。一条条满、蒙、汉建筑风格交错的街道边，历史，已然幻化成一道城市风景。

遥远的北方，处处透出那股难得的硬朗之气，记忆中，似乎那里永远是冰封时节的厚重。凛冽寒风中，将头深深地埋入棉衣，一瞬间，哈气成霜。然而，那飘香的酸菜白肉、老边饺子却总是轻而易举地破坏掉那份寒意，一抬头，满眼红墙绿瓦就那么不经意地流入人们的视线。

沈阳，一朝发祥地，两代帝王都。在超过2300年的历史中，它作为中华文明的发祥地之一，将粗犷又细腻的侠骨柔情演绎到了极致。有人说，沈阳故宫仿佛湖面上北京故宫的美丽倒影，虽没有北京故宫君临天下的霸气、气吞山河的强势，却多了几分秀气、几分不露声色的野心。

故宫门前的街道，依然保留着从前的模样。门楣上郭沫若先生的题字苍劲有力，似乎给予了对于这座宫殿的全部感情。

大政殿十几层台阶筑成的殿基由八根擎天柱稳妥地支撑着，形成亭子的形状，后人称呼这里为"八角殿"，实在贴切。富丽堂皇的装饰，似乎要将整个建筑包裹其中，殿顶由黄色的琉璃瓦重重铺就，绿色剪边点缀其上。

古老的文化名城，古老的历史遗存，皆因这里独特的气候而显出斑驳之感，无数个日月和流年的沧桑在这里一一显现。那视线中的崇政殿，便是昔日皇太极早朝的地方。略显空洞的殿宇在粗壮柱子的支撑下挺起它庞大而尊贵的身躯。虽然光鲜不再、色彩褪去，但崇政殿内在的气质从不因岁月的乔迁而消失殆尽，反而更突显出历经岁月过后的安静祥和之气。游走于"金銮殿"上，触摸着历史，彩绘、宝座、屏风……无一不显出建筑技艺的高超与皇室的雍容华贵。

一座宫殿，一座城，在时光的长河中，生生不息地静享轮回。带走的是历史，留下的是记忆，瞻仰的时候，便是采撷了它最丰腴的片段。而这样的片段，分明意味着永恒。

✧沈阳故宫

吉林

Jilin · 锦绣家园

秧歌扭出了地域，高跷跨出了大门，这里的风土人情，其实比人们想象中的更加简单。敦实和厚重滋养了一方水土，于是那黝黝的黑土地上，便有了更多秀丽的风光、动人的景观。要知道，这里是边疆，却恪守着民族的尊严；这里是边疆，却是华夏子孙生息繁衍的家园……

长白山天池

Lake Tianchi in Changbai Mountain ▶▶

仙　境　传　说

如果你看到岁月无情的剥蚀，那么请一定记得，剥蚀，其实是一种记录，若没有那份历练，眼中的长白山便没有今日的绮丽多姿。

长白山，光是那古色古香的名字便引发文人的不竭遐思，千百年来，关于它的传说不计其数，比组成它的60座奇峰更要纷繁。人参、灵芝、东北虎，在它的庇护下，这些宝物吸取天地之精华，一直不断地生息繁衍。一直以来，白云峰作为长白山的主峰，被人们广为传颂。

天池，明明是一座火山，却因积蓄了大量湖水，而

成了一个火山口湖。其湖面海拔为2194米，湖水最深处达373米。长白山天池是图们江之源，是松花江之头，也是鸭绿江之母……

攀越陡峭的山崖，躲过硕大的冰雹，穿过稀疏的林木，使尽全力，终于到达长白山主峰之巅，魂牵梦萦的长白山天池，就这样呈现在眼前。

山顶上那椭圆形的一汪蔚蓝，伴着缭绕的雾气，似幻似真地出现，带给人们至真至纯的感动。天地的界线变得不那么分明了，不知是幽蓝的天映蓝了那汪湖水，还是幽蓝的湖水漂染了上空的天。幽然与深邃充斥，美得令人惊艳，美得令人震撼。

天池湖水从北面流入天池的一个出口，经过1200多米的流程，从70米高的绝壁流下，成为著名的长白山瀑布。因为长白山的水流长年不断，所以长白山瀑布的景观也久负盛名。

❋ 冰雪覆盖的天池，像一个童话的世界。

❋ 这一弯碧水，想是天上的圣水流落。

黑龙江

Heilongjiang

北方图腾

一道动人心魄的风景线，生长在林莽之边。北方的最那端，"圣山""神水"、极光，一片是造物的恩宠，一口是上苍的馈赠，一束是对灵魂的净化。艰苦卓绝后方显出一往无前，这是黑龙江的英雄之气，去追赶长风、拥抱日月吧，用千回百转的力量，冲出深山。

大兴安岭

Great Xing'anling Mountains >>

沃　土　连　天　崖

老人们总说：叶落归根。在东北，叶落一片多过一片，日子久了，也不知是根成全了叶，还是叶凝成了根。无数的根和叶手挽手、肩并肩，便长成了今日的茁壮。

大兴安岭是茁壮中的典范。它有樟子松的笔直、白杨树的挺拔、老柞树的容光。的确，这里的地肥

❀大兴安岭著名的白桦林

水美，那片黑土地上，种着东北人的全部希望。南起承德平原，北到黑龙江，作为内蒙古自治区的主要山系，那延绵着的1200千米的山脉，是大兴安岭最为骄傲的面孔。嫩江、松花江、黑龙江，水山一色，造物，更养人。

　　大兴安岭往返于四季之间，绽放的美丽就像种子破土而出般自然。春天，万物复苏；夏天，生机盎然；秋日，金光点点；冬季，纯洁烂漫……野花丛生不足以形容它的多姿，白桦笔直不足以道出它的气势，枫树火红不足以绘出它的凝重……美人松绿与皑皑白雪的相得益彰方才展开几寸大兴安岭的美卷……

　　"巍巍兴安岭，积翠大森林。"珍稀的植被、濒临灭绝的野生动物、古生物化石、黑龙江之源……这里哪是座山岭？分明是一个天然聚宝盆!

　　大兴安岭，不只有四季中的绮丽，更有着高大笔直的躯干，环绕在一片浓郁的绿色之间，为人们注入美好生活的信心和力量。

❧大兴安岭的魅力，当然浓墨重彩地在它的林木。

❖ 哈尔滨圣·索菲亚
大教堂

哈尔滨 *Harbin* ▶▶

混　　血　　美　　人

没有古都的风华绝代，没有时尚之都的亮丽光鲜，却在百余年的轮回中妖娆绽放，生长成为撩人夜色中让人惊艳的一位美人。

海 纳百川，有容乃大。哈尔滨的美，便基于这样的胸襟。各民族、多国家的文化在这里相互融合，即使是晦涩难懂的外国语言，也在比比画画间多了几分灵巧。贯通中西的天然优势，似乎成为这座城市迅速发展的砝码，早已暗示着未来某日的一飞冲天。别以为冰城就只有在冬季才尽显妖媚，看一看苍穹下哈尔滨那怒放的生命，犹如松花江里踌躇满志的鲤鱼，随时等待跨越龙门时的腾飞。

漫步在哈尔滨的街头，满眼欧式风格的建筑伫立其间。笔直且宽阔的道路两旁，拒绝高层的小楼以白色、土黄等色调调和着整个城市的色彩。一路繁荣，一路欢歌，如今，这里又演绎出俄式建筑的绮丽风格。

中央大街是街道中尤为引人注目的一条，往来如梭的人们，熙攘的人群，充满坚定的眼神，彰显出北方人的特质。虽然年代久远，路面高低起伏不平，可街道两边的建筑仍是显露出华丽的色彩、异国的情调。镶嵌在地上的花岗岩地砖，大理石柱上精致的浮雕，窗台上镂空的花纹，古老的俄式建筑，在时间的洗礼中更显出别致的韵味，幽深而绵长，将如烟往事散落一地。

隐约中，仿佛我便是那手持阳

❖ 一座带异域风情的教堂，赫赫耀目。

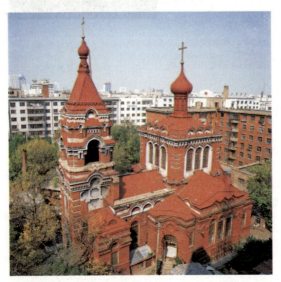

伞、身着蕾丝长裙的美丽女子，你便是那打好领结、身着帅气燕尾服的英俊男人。我搭着你的手，登上街角的维多利亚式马车，一场华丽的婚礼就此拉开序幕。原来，不经意的驻足，竟停留在高耸的教堂跟前。难怪脑海中的幻想会如泉涌一般汩汩。典型的俄式大教堂，教堂中是绿色的拜占庭风格，十字架高高地伫立在正中，附阁低调地守护左右……明朗的绿交替着古朴的红，教堂特立独行的美丽，让人心生虔诚。

哈尔滨，不仅美丽，且充满宗教气息。无论是基督教还是伊斯兰教，一处处别致的人文气息，总是吸引着世界各地知名的

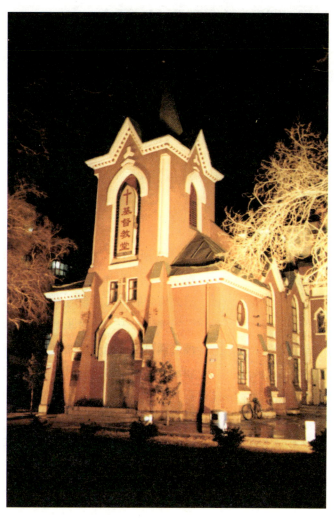

艺术家、传教士……前人将灵魂释放到自然古朴的风景中，那种心灵深处的向往，在这里，如遇海上灯塔般被指引，渴望沐浴诸神的明光，渴望迎接身体和灵魂超凡脱俗的新生。

当"索菲亚教堂的钟声"不再敲响，当这片土地不再满是神秘的镜像，每个清朗的清晨与黄昏，享受着列巴、红肠的美味，苏波汤的滋润，在哥特、巴洛克式的建筑中徜徉……就这样，中西合璧的极致被刻画淋漓。在充满风韵的哈尔滨，在美丽的松花江畔，一个凝固的音符，在与众多民族文化交融的时刻，终于奏出最为迷人的乐章。

❀在哈尔滨，有很多欧洲风情的教堂等建筑，它们有很多是俄罗斯风格，因为，它与俄罗斯是如此比邻。

漠河 Mohe >>

远离尘世的北极村

夜晚，那灿烂美丽的光辉，是来自前世盼望。你若看到那红的、绿的、蓝的、紫的光芒轻盈地飘荡在夜空，请伸出手臂迎接，请张开双眸凝望……在北方的北方，今生，我的名字叫作极光。

漠河，印象之中，除了皑皑的雪色，便是肆虐的北风。然而，就是这样的一个地方，却以它独特的方式，在每个时光辗转的日夜，涤荡人们的灵魂。

漠河是中国的最北端，被人们誉为"北国边陲"。"屋里屋外两重天"便是这里独一无二的真实写照——外面，纵然是千般冰雪，里面，却有着滚烫火炕。放眼望去，茫茫雪岭与青松林相互辉映，白色与墨绿色的交替，成为漠河正午时光中最亮丽的色彩。

雪，厚重的，纯白的。在这里，雪的纯洁被表现到极致。放眼望去，那大片空旷的雪地，总让人心生嬉戏的念头，或是躺在上面与"对手"抱成一团，或是和一群朋友握起雪团"奋战"撒欢儿，童年的快乐就这样涌上心头，那份来自心底的无邪就这样书写成隽永。

❖ 漠河传统的农家

极光，漠河的一个绮丽的梦境，梦中，变幻莫测的炫目之光忽明忽暗，它是世上最美丽的光芒，美得决绝，美得独一无二。

漠河，一个清澈的世界，一个白色的天堂，即使来过，依然忍不住回眸凝望……

Chapter 04

塞外风光

·长风万里且放歌

内蒙古

Neimenggu

· 芳草碧连天

敖包相会。火烧的流云，接天的碧草，热恋的情人骑着温顺的马，牵手于广袤的草原，恢宏的落日给青草镀上了层层金边。草长莺飞，郁郁葱葱的草甸上，星星点点散布的羊群中，时常响起低沉的马头琴声，善良的牧民们世世代代生长在这片水草丰美的土地上。天苍苍，野茫茫，风吹草低见牛羊……

呼伦贝尔草原

Hulun Buir Grassland

清　纯　的　梦　乡

梦呓一般的名字，充满了游历的美感，仿佛世间的喧嚣不过是淡淡的一笔，略过，是那么自然而然。

呼伦贝尔，如果沉浸在这方水土，那么城市的诸多美好，都算不上是美好。丰沃的土地，如今是一片平静与祥和。但是依稀浮现出，在千百年前，鲜卑、契丹、女真各个部族相继在这里奋力争夺时的情形。然而，碧绿的色泽却如此包容，在一片风和日丽中，将历史安然治愈，然后就只能看到蓝天白云，牛羊悠闲的身影，牧民快乐地放歌。长鞭甩起，引吭无数，骏马奔驰，此情此景，引起自豪与喜悦之情无数。

放眼望去，那狭长的灰色公路似乎就要被广袤无垠的草海所淹没，扑鼻的花香、清脆的鸟鸣、点点白色浮出视线，公路也雀跃起来。这里，只有山水之乐、牧民之乐。茫茫的草原，厚重的森林，绚烂的民族文化——来到呼伦贝尔，便是来到又一个绮丽多姿的北国。

芳草鲜美，

◆ 草原上的蒙古包

花朵娇艳，河流纵横，在这样的情境中，成群的牛羊似乎也变得更加快乐，奶茶的香气似乎也变得更加扑鼻；然而，就是在这样让人怦然心动的情境中，竟然还隐藏着大兴安岭的茂密林海、沃野万顷的嫩江平原。

穿梭于茂密的大兴安岭林海，遥望古松在风中婆娑的姿态，一片片深邃的绿，就在这样的情境中直逼灵魂，人们能感受到的不只是震撼，更是博大和深沉的内涵。

美丽的呼伦贝尔风光中，河流与湖泊的星罗棋布是一笔夺人眼球的妖娆紫色。因为不同的地理环境，造就了这里别具特色、千姿百态的河流。

呼伦湖，八百里方圆的圆润饱满，远离尘嚣的清澈，使她成为中国第五大淡水湖。她就像一名不食人间烟火的女子，至今仍保持着古老与原始的风貌。站在湖边，感受着她的宽阔，享受着湖天一色的别致，周边尽是一望无际的碧野，每逢湖风吹过，那带着花香的气息让人心旷神怡。

满洲里，祥和之中现出勃勃生机。登上天桥俯瞰奇景，那独特的白色屋顶便是俄罗斯小镇贝加尔斯克，在绿海中恰似点点珍珠，熠熠生辉。

行走在呼伦贝尔，对于北国，又多了几分感慨。那一片古朴，那一处自然，如一缕淡淡的馨香，在脑海中，再也挥之不去。

❖ 奔腾的骏马，是草原人豪情的坐骑，给嫩嫩的草原以无限风情。

额济纳 *Ejina* ▶▶

天 堂 与 地 狱 间 的 最 美 风 景

◆ 美丽的胡杨

大漠、古城、青空、风沙，这样的词语，总惹
人思古。电影《英雄》，总是让人忘不了张曼玉与
章子怡曾在这样的情境中飞舞着红袖。而背景中那
大片大片的绝美黄叶，时而迎风飘摇，时而随袖卷
起，似乎就在那么一瞬，额济纳的胡杨林便成了在
天堂和地狱之间最让人难以割舍的美丽。

◆ 额济纳旗，一直以来以悠久的文化
著称，厚重的底蕴像绳子一般牵引着前
来探寻的人们。

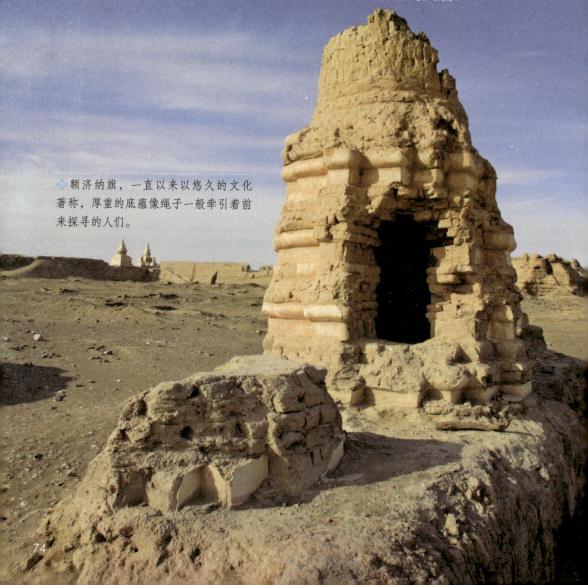

❁上：浓密的胡杨在秋日中显出灿灿的风情。有人说它们有如是的灿烂，是因为它们的根扎得很深。

❁下：胡杨的枝丫，遒劲而充满张狂的美。

额济纳，一片苍凉中，孕育着蓬勃的力量。那种美，摄人心魄，夹杂着荒凉与炙热，在茫茫戈壁中，绽放着永恒的色彩。

额济纳是内蒙古自治区最大的旗，在内蒙古的最西部，与我国甘肃省和蒙古国相邻。在那里，不仅有让人惊叹止步的茫茫戈壁、苍凉辽阔的浩瀚沙漠，更有美得让人心醉的胡杨林，如今，这里已经是世界上仅存的三大胡杨林之一。无数旅人就为了那抹灿烂的金黄，日日夜夜细数着光阴，掐指计算着秋天来临的那一霎，欣赏这天堂与地狱之间最让人窒息的绝美，用心灵感受它的时候，仿佛沐浴着上苍最豁达的恩赐。

每年9月伊始，胡杨树的魅力开始绽放到极致。似乎一夜之间，整片的胡杨林全部被寒露染黄，就那么短短的几天，绿色全部被秋色染成金黄。金色的叶子，湛蓝的天空，荒芜的沙漠，构成一幅天然的绚烂图画，比阳光更加夺目耀眼。

观胡杨林，最佳去处在二道桥、四道桥和八道桥。额济纳河上共有八道桥，2000米一座，每道桥都被胡杨林环抱着，行人游走在其中，很容易便忘记哪里才是人间。迷失，在金色的胡杨树林中迷失，在少了几分沧桑和厚重的金黄中迷失，在浓浓的色泽中迷失……时值初秋，站在胡杨林里，那层林尽染的色泽，和着天空的蓝，分外通透。在这样的美景面前，任何辞藻都失去了原有的力量，唯一剩下的，就只是一种感觉，迷醉的感觉。

印象中，一直以为只有夏花才有如此的绚烂，可金色的胡杨，就在落叶飘舞着的瞬间，让人感觉到生命在即将走到尽头时的那种姿态，甚至比夏花更加绚烂夺目。只是一瞬间，心中突然涌出肃然起敬的感慨，那极具震撼力的景色，就在轻歌曼舞间，

❖河边的胡杨林，尤其丰满绚烂。而即便是干旱时，胡杨也能经由深深的根系，汲取地下的水分慢慢维持生存。

将生命绽放得淋漓尽致。

传说，因为战争，黑河改道，一片胡杨就此枯死。又传，西夏那些战死于此的将士，便化作了苍凉的胡杨林。干枯的胡杨夹杂着历史的凝重，为枯燥的沙漠添了几笔重彩。

从怪树林走出不远，党项人建西夏国之都城遗址，从视线中跳出。远远望去，古城西北角上的白塔似乎在空灵的传说中洗去沉重，现出几分肃静和苍凉的美感。至今，蒙古人仍以"黑将军"誓死不降明军的悲壮引以为豪。

额济纳旗，至今仍以一个在灰色的沙漠烟尘中不断行走的路人姿态将自我审视。那秋风中时时舞动起的绝美风姿是它心中对于感情的全部信仰，而光怪陆离的怪树林，则是它心灵深处对于信仰的坚贞不渝。黑城子的遗址是它口袋中藏着的竹简，在夜以继日的途中，独自品读，时时自省，将旅途中寂寞的精彩一一收藏。

一种永恒的色彩，在额济纳旗的日夜，被浸染得深刻而凝练。

额济纳旗的蜜瓜

额济纳旗地处戈壁的深处，这为蜜瓜的生长提供了有利的条件。其不仅不受环境的污染，更避免了病虫的毒害，实属天然纯正的绿色食品。加上这里干旱的气候和充足的光照，使得这里的蜜瓜不但个头儿大，而且口味纯，果肉鲜香甜美，扬名海内外。

巴丹吉林沙漠

Badanjilin Desert »

上　帝　画　下　的　曲　线

　　这里被美誉为"上帝画下的曲线"，身临其境方能感受到那旷世的奇美，而美丽的背后，却潜藏性命的隐忧。又或许，这是上帝布下的使人困厄的网，不然，那孤寂的荒漠，为何终日与恶劣为伴？猜测，猜测时，走近巴丹吉林，却发现，原来，那里充斥着一股神奇的美丽，看似孤寂，其实不然……

大自然的鬼斧神工是它历经沧桑后留给后世的烙印，那一抹浓重的色彩，自由奔放在西部的沙砾之上，4.7万平方千米的辽阔，注定它成为沙漠的宠儿。这样的广袤中，其实暗藏着不为人知的秀色，游历之后，便会深深爱上这里，满心欢喜的同时，发出由衷的感叹。

　　虽是沙漠，却蕴藏着丰富的水源。一探巴丹吉林的历史，却不小心听到这个古老的传说。相传，很久之前，在沙漠的边缘住着一位蒙古族牧民，他的名字叫作"巴岱"。一天，他因迷路误入沙漠。一路前行中，饥渴难忍。举步维艰中，他仍坚持着前行的信念。然而，就在身体失去大脑支配的一瞬间，眼前突然浮现一片耀眼的波光，抬起头，发现前方沙山下，正是一片碧波荡漾的湖水。"巴

❀ 在这里，人们感受着不一样的风情。

岱"演变成今日的"巴丹"。

走入巴丹吉林沙漠，视线中遍是高耸的沙山，还有那歌声嘹亮的鸣沙、草色如茵的湿地，望一望那泊湖水，美丽的倒影，如梦如幻。奇峰伴着鸣沙、秀湖倚着神泉，在古庙的微声默念中感受无限神圣，这里便是美丽的巴丹吉林，它的沙丘，从来不是用来威慑人们，它的奇美，是深入人们心扉。

碧水、蓝天、金沙、水草，来到这里，人们会顿时变得疑惑。这里究竟是干涸炙热的漠北，还是湿润俊秀的江南？

必鲁图沙峰堪称巴丹吉林沙漠中的"珠穆朗玛"。它海拔1617米，似乎在用那强劲的伟岸来改写沙漠无高峰的说法。登上必鲁图沙峰，整个沙海尽收眼底，呼呼吹刮的风，让人顷刻感觉到心旷神怡。

除了奇峰，鸣沙一直在绵延起伏的沙丘中扮演着不可或缺的角色。每每受到风力作用，那沙丘仿佛是沧海中奔涌的巨浪。宝日陶勒盖的鸣沙山，200多米高的身形，陡峭的峰峦，错落的沙脊，在沙子下滑的瞬间，轰鸣声声震天动地。因为如此，"世界鸣沙王国"的美誉被它骄傲地占有，那雄浑的气势、震天的声音，成为巴丹吉林沙漠中的又一奇景。

在大多数人的眼中，沙漠本该是一片土黄，寸草不生。然而，原以为是寸草不生的死亡之地，却让人惊诧地看到无限生机。这里，深秋的大漠之中，本该是宽广的死气沉沉，却被绿色骄傲地填满。沙蓬，就是这样一种沙生灌木，几乎成了沙漠中生长着的奇迹。

悉心观察，原来地面上黄褐色的蜥蜴一直避开人们的脚步惊慌地奔跑。看沙面上

沙漠中的骆驼队，它们是大漠最值得骄傲的生灵。

留下的频频足印，心中甚是爱怜。仰望头顶，大漠苍鹰正舞动着翅膀盘旋在天际，时高时低地翱翔后，变成一个不见身形的小黑点。再向水平方向凝视，那肥壮的骆驼，与沙漠一样的色泽，与沙漠一样的步调，慢慢地行走，引起无数驼铃叮当。

在庙海子咸水湖边，一处喷涌的淡水泉成为巴丹吉林的又一个奇观。那如碗口般粗细的泉眼，竟能使小虾在其中肆无忌惮地潜水；那些随着喷泉一通翻涌的沙粒，在被涤荡的过程中，也变得晶莹剔透。久而久之，地上形成了一条喜人的沟渠，小小地、自然而然地生长着，同时更滋润了充满生命欲望的杂草。

长途跋涉后，沙漠绿洲终于呈现在视角中央。它有着动听的名字——苏敏吉林。一片浑天的黄色中，你是否能想象得到，沙山环抱着一座寺庙，就那么孤零零地、孤零零地保持着同一种姿态，日复一日，年复一年。

那庙叫作巴丹吉林庙，也是整个沙漠中唯一的寺庙。因为地处沙漠深处，竟一直完好地保存了原有的面貌，从来不曾被改造修葺。

也许就是因为这庙，才生成这处沙漠绿洲。而这里，在日月的交替中，成为巴丹吉林沙漠中牧民活动的天堂。

这究竟是一处怎样的地域？恍如江南水乡，那娟秀之气，那神奇景观，让旅者的脚步不断放慢，充满无限的喜悦之情。

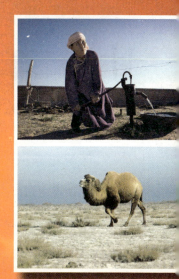

✤ 上：水是沙漠人最宝贵的财富。

✤ 下：沙漠中的骆驼，在走着它们应走的道路。

甘肃

Gansu · 静水幽城

大漠孤烟直，长河落日圆，似乎只有在这样的情景之中，才能与传说中的仙女不期而遇。古老的敦煌，在反弹着琵琶的美丽背后，一曲高歌，从此凝成摄人心魄的美丽，百转飞天……甘肃，别样的景致，别样的情怀，记忆中，不只是萧瑟的客栈，恩怨的江湖，还有那幽深的眼神，在某个月白如练的夜晚，独自落寞。

敦煌莫高窟
Dunhuang Mogao Caves

尘　世　飞　天

蓦然回首中斩不断的牵牵绊绊/你所有的骄傲只能在画里飞

大漠的落日下那吹箫的人是谁/任岁月剥去红装无奈伤痕累累

——《飞天》

传说中，飞天是侍奉佛陀和帝释天的神。她们美丽妖娆，能歌善舞。那反弹着琵琶、手捧着莲蕾的仙人们，便是在茫茫苍穹中游走，或是直上云霄，或是俯首人间，势若流云，将美丽尽情挥洒，将舒展尽情绽放。或许，那只是优美的传说，而敦煌莫高窟壁画上的飞天，却在每个不为人知的瞬间，轻歌曼舞于那个空

❖大漠中满是荒凉，但其中也有无尽的宝藏。

灵世界的尽头。"敦煌"，两个坚实有力的字，承载了多少汉唐风雨。敦煌，大而昌盛的城；莫高窟便存在于这片遥远的西北。茫茫的沙砾中，无数智慧在闪烁；悠远的驼铃声，摇醒无数后世的探寻者。

很少人知道，这里曾是一条大河，在日夜的奔流中，遂堆积了沙石。也许是河流改了河道，也许是地壳发生变化，河水干涸后，这里成为一座光秃的山。公元366年，乐僔和尚云游至此，就是在那样一个下午，没有任何征兆地，山顶突然现出千佛影像。万丈佛光中，乐僔虔诚地跪拜，从此他停留此地，广结善缘，广宣佛法。在山上，他亲自凿出第一个洞窟，洞窟内，雕刻着一尊弥勒佛。从此，他日夜顶礼膜拜，进香添烛。此后，他分别在洞窟的四壁及天花板绘制出各个与佛相关的故事。之后，无数信佛之人来到这里，大家纷纷效仿乐僔在山上雕凿佛像，钱多些的，规模便略加宏大，钱少些的，洞窟便小些。无论怎样，大家都心怀虔诚在这里膜拜、祈福、祈求安康。那凝聚了顶级雕刻技艺和绘画技巧的莫高窟，就这样在后世的喟叹声中，成为一笔最为宝贵的财富。从帝王将相到市井黎民，洞窟的出资者不分身份、不分背景、不分种族、不分性别。在这里，只是因为信仰，那祈祷声声，满怀虔诚。自豪，看到莫高窟的那一刻，仿佛看到千年的岁月更替，跪拜的那一刻，轻轻的诵经声如轻烟般时时萦绕在耳边。那声音意味着超凡脱俗，那声音，穿越时光直达千年之后的今天。

世间人生几多空茫，仓皇北顾，不如活在当下。

❀ 莫高窟精美的绘画，让前来观瞻的人赞叹不止，尤其是其中的飞天形象。

❀ 苍莽的沙漠中，也有文明的种种印记。

鸣沙山与月牙泉

Mingsha Mountain & Crescent Spring

佳　　偶　　天　　成

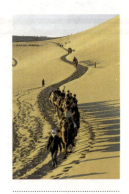

❀沙中之路，那些本地人与外来人，共同慢慢前行。

它是天的镜子，沙漠的眼，星星沐浴的乐园。每当太阳落向，西边的山，天边映出月牙泉。每当驼铃声声，掠过耳边，仿佛又回月牙泉……

——《月牙泉》

人们经常把月牙泉和鸣沙山比喻成为孪生姐妹，而我却更觉得它们之间的关系犹如一对佳偶天成的爱人，在每个日月，哼唱着缠绵悱恻的情歌。

❀沙漠中的绿洲，人们梦想的境地。

　　敦煌的八景中，月牙泉是其中之一，她是眷侣中的"妻"。这里古时候被称为"沙井"，也叫"药泉"。南北长

150米、东西宽50米的大小，让整个泉水形如弯月，于是，这"沙漠第一泉"的芳名便由此得来。鸣沙山东起莫高窟崖顶，西接党河水库，虽名称为"山"，却是黄沙堆积成的丘。每当狂风肆虐，巨大声响从沙山中传出；如遇微风，那声音好似丝竹般悦耳动听。它是眷侣中的"夫"。鸣沙山群峰环绕着怀中那娇艳欲滴的月牙泉，它们就这样持续着恩爱缠绵，将"水火不容"的论调推翻。而月牙泉，就这样如一弯新月，温柔地躺在黄沙的怀抱中，那甘甜的滋味，澄明的泉水，一躺，便是千年。鸣沙山滑沙，在敦煌的众多景观中，这个切实的体验更显得弥足珍贵。坐在沙山上，从高处向低处滑落，沙子发出的嗡嗡隆隆声，似微弱的雷鸣，颇为神奇。

❀月牙泉隐藏在炎炎黄沙中，是一个奇迹般的存在。

从山顶俯视，那道道沙峰，犹如海中涌动着的波涛，而山坡上涌起的沙浪，则好似水面上荡漾开来的涟漪。自然的美，就这样隽永；人与自然的和谐，就这样被刻画得淋漓。那登山的艰难恰似一种考验，对于攀沙或是人生来说皆是如此。用心灵去感受，方才醒悟，自然给予人类的，绝不仅仅是表面看来的那样简单。

似乎就在一瞬间，清澈的泉水跳入视线。泉水之奇，在于那弯月的形状，在于沙山的包裹。原来造物主也是性情中人，不然，那清澈的新月与高耸的沙山何以相依相偎得如此浪漫？那神秘中的妩媚多姿何以引人千里来此只为一阅芳颜？

"鸣沙山的眼睛、敦煌的命脉"，后人在形容月牙泉的时候如是说。每当旭日东升时，那月牙泉在晨妆中焕发出最为美丽的色彩，月水一色，宛若新月挂在群峰间。于是，人们将好听的名字赋予这迷人的景致——"月泉晓澈"。

鸣沙山与月牙泉的故事，就这样朝朝暮暮地重复着，任时光更迭交替，永远显出那深入骨髓的爱，让人羡慕，惹人流连忘返。

宁夏

Ningxia

· 登高凭栏望

古老的西夏王朝，在历史的回眸处，与萧瑟的背影不期而遇。南宋时，无尽的忧国忧民、无尽的千回百转，在贺兰山下止步，成为《满江红》中低沉却雄壮的爱国箴言。你知，我知，那一日，待重收旧山河，你我必然再次登高凭栏，把酒畅欢……

贺兰山

Helan Mountains »

西 夏 放 歌

　　一步步地靠近，强忍着内心的澎湃，在飞沙扑面的时候昂然抬望，在水市清华中咀嚼那气贯长虹。

贺兰山，那延绵着的200多千米的山脉，似乎注定以守护者的姿态出现。若不是它的阻隔，北方的腾格里沙漠便会肆意侵袭宁夏。于是，人们经常说，黄河养育了这一方平原，然而若是没有贺兰山，这里便失去了广袤富饶的全部色彩。

　　贺兰山，从西夏王陵一路游走到这里，那种怀古的幽情自然而然地让人想到岳飞，想到他的《满江红》。贺兰山地势独特，腾格里、乌兰布和与毛乌素三大沙

❖ 星海湖与贺兰山

❖贺兰山北武当庙在积雪的覆盖之下，显得古韵十足。

漠的分界线上，它巍然而立。这里是"朔方之保障，沙漠之咽喉"，若想通往中原，游牧民族定要从此经过。如此一来，这里便是理所当然的兵家必争之地，是铁骑翻腾、瑟瑟嘶鸣、皓月高悬中的仰天长叹。那样的情景，穿越脑海，浮出想象。

❖贺兰山苏峪口风景

远远便能看到那一片青色的巍峨，高耸入云。夕阳之下，远处隐隐狼烟，仿佛千军万马的奔腾。若用"美"来形容这山，势必美得让人心颤。那深暗的轮廓，连绵起伏的影影绰绰，在地平线的左右舒展开来，让人呼吸瞬间变得局促，那是一种让呼吸都变得窘迫的美感，超脱感性的所有辞藻。

大漠孤烟直，长河落日圆。无边的戈壁荒漠，映着凄凉而生，映着凄凉而亡，但眼前曾屹立于西夏的贺兰山中，那山依然是翠绿盎然，那水依然是细流涓涓。

"贺兰山下阵如云，羽檄交驰日夕闻。节使三河募年少，诏书五道出将军。"遥望历史中那一篇篇鲜活的诗词，山，也便跟着这些诗句，一同融入了历史。

贺兰山岩画在贺兰山上，分布着12个岩画点。岩画多集中在距离沟谷较近的地方。岩画的分布，明显遵从地貌的特征。在苏峪口到大西峰沟，岩画多分布在山体；苏峪口以南至柳渠口，山体岩画数量稀少；而荒漠草原上，基本没有岩画分布。

新疆

Xinjiang

·浩瀚漫无边

有一种浩瀚，比大海还要壮观。广袤无垠的沙漠，金黄的沙砾，起起伏伏的沙丘，一轮落日染红天际，仿佛是大气的神来之笔。长风长驱直入，呼啸而过，将沙堡雕琢成惟妙惟肖的模样。绿洲是沙漠的眼睛，映出蔚蓝的天空，映出浩渺的沙海，映出葡萄架下的冬不拉。

塔克拉玛干大沙漠
Takla Makan Desert »

大　　漠　　放　　歌

夕阳西下/楼兰空自繁华/我的爱人孤独地离去/遗我以亘古的黑暗/和/亘古的甜蜜与悲凄
——席慕蓉《楼兰新娘》

当新娘的容颜已作土灰，鸟羽证明她曾经华美一世——每次读到席慕蓉的《楼兰新娘》，心中总是翻涌起无数感怀。也许，在历史的尘埃中，楼兰是塔克拉玛干灵魂上的一滴泪，在辉煌了千年之后，那迷离的失踪，其实是化作了一缕青烟，在茫茫戈壁滩上，将灵魂永久地封存。你听，古老西域途中，驼铃的声音还在叮叮当当，那片盐泽和荒原，至今还有无数后人前来瞻仰。

塔克拉玛干，囊括了生与死的全部定义，囊括了神秘与诱惑的全部离奇。这里是生命禁区。

从敦煌伊始，走出玉门关，沿着古代丝绸之路不停向西行走，那一路渐行渐远中，尘世的浮华逐渐退去，胸腔中虔诚之心怦怦跳动。千年之后的今天，那一方神奇，终于得以真切地遇见；那一方繁荣，终于得以真切地触摸。那茫茫的戈壁、无垠的荒漠，仿佛是一处灵魂的安息之所，无

论是古村还是废墟，都是不朽的精神家园。

终于与塔克拉玛干正面相逢。

传说，很久以前，人们热切地渴盼着，如果能引来天山和昆仑山的雪水，那干涸的塔里木盆地定会充满盎然生机。一位仁慈的神仙被百姓的真诚深深打动，他有两件非凡的宝物，一件是把金斧，另一件是把金钥匙。他将金斧子交到哈萨克族人的手中，用以劈开阿尔泰山，如此一来，清凉凉的雪水便能灌溉到这方盆地。他还想把金钥匙交给维吾尔族人，让他们用它来打开塔里木盆地中的宝藏。谁知神仙的小女儿玛格萨弄丢了钥匙，从此，盆地中央便成为今日的塔克拉玛干大沙漠……

一路中，走过的是丝绸之路的旧址。曾几何时，这里便是汉武帝下令修筑的驿道，所经之处，烽燧不绝如缕。如今，那烽燧早已被风蚀，面目全非。

终于到了罗布泊，眼前，便是在情愫中隐隐作痛的古楼兰王国的故地。面前的罗布泊，变成一个干涸的湖盆，而昔日的

沙漠中的古戍堡

在塔克拉玛干大沙漠中，有着很多鲜为人知的建筑与历史。其中，古戍堡便是一个。在和田河畔的红白山上，由唐朝修建的古戍堡至今还伫立在那里。但凡对文人内涵关切的旅者，都会在此停留，游历其中。

❖ 沙漠中楼兰佛塔遗址，今天已然残破不堪。

美丽，在想象中径自溢出，依稀可见。

❀这是沙漠中的奇迹：树木葱翠、河水默流，还有美丽的风化腐蚀岩风光。

如今的罗布泊，形孤影单中，凄凉不再，在的，只有安详的姿态，在苍穹间，化作沙漠中最为坦荡的一种色泽，将思想凝结成晶。

绕过罗布泊，顺着干涸的孔雀河一路朝上追溯，在沙漠的东沿，那些散落着的如荒冢一般的废墟便是楼兰古城。

终于，终于在这样的时刻，与历史交会于一处。于时光而言，不过是不经意的一瞥，于我们，却是千年的守望与渴盼。古老的楼兰，像一阵风，吹起，散去，风过时交织的悲喜，扑朔而迷离。人们曾在丝绸之路上，停歇于此，然后各分东西。这里曾有过的繁华，一如阳光洒下的金光。遥想楼兰盛世，遥想当年……

💠沙漠驼影

如今，那城池仍然显出巍然壮观的姿态。房舍、大殿、街衢、庭院……曾如蜂巢般整齐地排列，时至今日，仍让人感慨万千。恍惚中，楼兰人、安息人、中原人，交谈的声音，往来行走的声音，糅成一团。

最终，那一片繁荣，还是选择了无声地沉寂。北魏军攻入，楼兰王被俘，一个古国，遂隐匿起踪影。

一片荒凉的戈壁滩，一片炙热无垠的沙漠，几多历史的残肢，在几经落寞后，绽放出文明的笑容。那茫茫的色泽，仿佛天的尽头，无数史学家们流连其间，仿佛时刻探寻着诸多民族古老的伤口——有的依旧充满血色，有的，已经恢复完全。

天地之间，时间与空间不停地交错开来。感受大漠氤氲的炙热之气，淡淡的悲恸中，虔诚逐渐散播开来。行走的途中，穿越的途中，仿佛自己便是一个苦行僧，期待着一种无声的蜕变，让冥冥中的灵魂找到至诚的皈依之地。

一条路，挑起中原和西域。塔克拉玛干大沙漠，无疑是一方厚重的土地，却时刻显出寂寞的姿态。

是谁的诗卷卷起无数盛唐的风沙，谁的羌笛吹出两汉的史帙？一切皆是虚空，无论是风沙还是荒漠，皆是虚空。唯有精神永恒，唯有命运永恒。

塔克拉玛干中的胡杨，是这片土地的不二风光。

白哈巴

Baihaba Village >>

享 受 生 命 的 暖 意

　　一个幽静而美丽的小山村，远离凡尘的喧嚣，一直以来，古朴淳厚的民风滋润着这里的一切。当原始的生态与古老的文化传统相互交融，那恪守了几百年的风貌，便会在今日的凝练中开出最为耀眼的花朵。自然与人的和谐共生，在这里被演绎到纯粹。

　　白哈巴位于阿尔泰山南脉，海拔在1200～2600米之间。东边，喀纳斯国家级自然保护区就紧挨着这里；西边，哈萨克斯坦与它一水相隔。它是一个村落，这里的居民信奉藏传佛教，皆是蒙古族的居民，他们的名字叫作——图瓦人。据说，图瓦人的祖先原是成吉思汗西征时路过喀纳斯而留下的一支队伍，他们原本驻留在这里提供军需，可是日渐久远之后，竟然形成部落。他们依靠放牧狩猎为生，从此过着与世隔绝的

❧ 潺潺的流水，秋日的树木，朴质却独特的民居，白哈巴到处展现着自己的细腻优美。

日子。在两条小溪之间狭长的台地上，人们的居所依山傍水而立。由原木筑成的居所，看似古朴的小小木楞屋，颇有几分欧式村寨的风格，而房屋侧面看去呈"人"字的设计，是为了预防雨雪的侵袭。人们把食物储存在顶棚与屋顶之间通风的阁楼，像小松鼠准备过冬一样，保持着原始而美好的生活乐趣。

这里的村民都是艺术家，家家都像一个工艺品陈列馆。看那炕上的花毡，墙上的帐幔，就连地中央的火炉也是技艺精湛、美丽异常。

整个夏季，一家家都在牧场操劳。空下的房子，便租给外来的经营者，或是开个小旅馆，或是经营个小商店；待到旅游

❀ 林木包围中的白哈巴，更像是自然的无比宠儿，而不是所有人能享有的美丽。

旺季结束，他们再重新回到自己的家里过冬。在新疆的北端，这样的小日子，他们过得不亦乐乎。

每个日落和黄昏，伴着袅袅的轻烟，牛羊闲散地行走，整幅画面，充满了大自然的美感。有人说，如果把喀纳斯湖比喻成美丽的世外桃源，那么白哈巴则是偌大原始环境中最难能可贵的童话世界。

秋天的白哈巴，随处可见火红的桦树叶、金黄的杨树叶，在山冈上向下俯视，那草甸的褐红惹人爱怜，那落叶松的淡黄让人倍觉舒心。远远望去，高山被皑皑白雪覆盖；向上看，湛蓝的天空广阔无边。这里没有古色古香的中国建筑，这里没有圆柱红墙的气势恢宏，可是，在面对它的时候，人们的视线犹如跃进一幅精美绝伦的油画，在一片田园山色中，淡雅而舒爽的美丽应运而生，像极了童话世界，却比童话世界更为真实可信。

美丽的阿尔泰山，一直以来被人们誉为"金山"，或许是因为它身处内陆腹地，或许是因为它的神秘离奇，来过这里的人称赞它"无处不入画"，行走在其间，那份美丽和宁静就在不知不觉中沁人心脾。

❀上：木质屋舍俨然，使人无法把它与简陋联系起来，而想到的只能是风景如画。

❀下：落叶纷飞，游人来这里，也最好是在这个时候。

有人说，只有和谐与宁静才能为居住提供最佳的地点，只有这样的情境中，栖息地才能称之为"栖息地"，生命，才能真正进入到从容恬淡。

的确，白哈巴村虽然小，却尤其细腻；虽然小，却尤为精致。漫步在其中，无论是随意点缀在门口的木栅栏，还是房子旁边那棵白桦树，都显得那么温馨。

在晨光中睁开双眼，沐浴着阳光，看着小房子里袅袅升起的轻烟，与挑水的村民愉快地打着招呼。此情此景，一种生命独有的暖意就这样释放开来，融入整个白哈巴的美丽时光中。

喀纳斯湖

Kanas Lake »»

纯　净　如　童　年

　　那湖面里的倒影，不只有皑皑的白雪、层峦叠嶂的山峦，更有童年时光中那抹纯真，在久违的笑容中，浮出水面……

美丽的新疆，美丽的喀纳斯湖。云雾缭绕中，花草若隐若现，无限生趣盎然中，将喀纳斯的美丽风光尽显。

　　喀纳斯湖北段的入湖口处，那条长逾千米的枯木长堤成为喀纳斯湖独一无二的奇观。每当泛洪时节，那长堤都会漂起。依据常理，那枯木也许不过向下漂游，却也不至于逆向行驶，然而，就是这样一条大长堤，多少年来，无论人们将它扔到哪里，它都会执着地漂回原处。像是一个只认自己窝窝的小狗，无论主人将它赶得多远，都会重新爬回它的小窝窝。

❖森森的水汽中，喀纳斯如披着青衣的仙女。

喀纳斯是彩色的，仿佛带着灿灿的厚重韵味。

传说，"湖怪"一直在喀纳斯湖中潜藏，因为那喷雾行云的法力，无数牛羊马匹来到岸边饮水时都被它卷走。这样的传说，是变换着版本一直延续到今日。

原来，据一些专家推断，那大鱼本叫作"大红鱼"，学名哲罗鲑。据悉，这种大鱼，最长能活到200岁以上。其诡异的行踪，让人无法确切了解它的生活习性，打捞它也就甚是艰难。于是，每次"捉湖怪"的尝试都以失败告终。

"云海佛光"是喀纳斯湖众多景观中的又一神奇。8月份，太阳会像一个巨大的彩色光环喷薄而出，那光环，凝结了赤橙黄绿青蓝紫七色，鲜艳且炫目。在众多景观的映衬中，仿佛神佛临世，于是人们美其名曰"云海佛光"。

喀纳斯又是"变色湖"。每逢春夏，湖水都会变换成不同的颜色，从每年的4、5月开始到10月，湖水的颜色就像变色龙

一般，让人喜出望外。5月，青灰；6月，碧蓝；7月，乳白；8月，墨绿；9、10月，湖水又变得绚烂；冰封的12月，湖水又变回白色的镜面……

卧龙湾如名字一般，潜藏在距离喀纳斯村10千米的地方。在这里，一座木桥横架东西。站在桥上，北边便是平静如镜面的卧龙湾，而南边便是咆哮中的喀纳斯河。

峡谷中，那一处蓝色月牙形的湖湾尤为引人注目，人们亲切地称呼它为"月亮湾"。月亮湾中的水时刻随着喀纳斯湖水的颜色变化而变化。据说，湾中两个小沙滩，是嫦娥奔月时留下的一对脚印，也有人说，那脚印是当年成吉思汗在追击敌人时踩下的。无论这"脚印"来自何处，它都成了月亮湾中颇为著名的标志性景点，供人们前来参观。

喀纳斯湖是经第二次大冰期的复合山谷冰川掘蚀而形成。

巴音布鲁克草原

Bayanbulak Grassland ▶▶

复　杂　的　美　感

这里有最肥美的夏季牧场，有风一样奔跑的天马，有憨态可掬的巴音布鲁克大尾羊和双峰驼，更有优雅如天使一样的天鹅。

巴音布鲁克草原位于天山南麓，新疆和静县境内。它不仅是中国第二大草原，也是中国第一大亚高山高寒高甸草原。著名的国家级天鹅湖自然保护区就在这片草原之中，数千只天鹅在这里生活、繁衍。如果说草原是一幅巨大的画卷，那么天鹅湖就是这幅画卷之中的灵魂。

沿着绵延的公路一直朝着天山而去，一路上层峦叠嶂，峰峦耸峙，雪峰不断出现在视野之中，海拔也在不断攀升。当山路忽然变得开阔平坦，你就知道一定是到了被天山雪峰托起来的巴音布鲁克草原。

来到巴音布鲁克，你会感觉如同穿越，因为景致与之前路上的大不相同。雪峰、旷野都不见了，眼前只有一大片绿茵，一条蜿蜒的小河缓缓流过，一望无际的草原上散布着一些蒙古包，从蒙古包上升起的袅袅炊烟透露出安详的生活气息。抬眼望去，绿色草原上还有一群群洁白的羊群，映衬着远处被夕阳染成了金黄色的雪山，一切都美得不可言说。

虽然草原的四周都是高海拔的山体，但巴音布鲁克自身的地势却非常舒缓。远远望去就好像是一张巨大的绿色绒地毯，洋洋洒洒地铺在每一片原野和每一道

❋ 巴音布鲁克草原优雅的天鹅

沟谷之上。更令人惊喜的是，这张美丽的绿毯上还有无数的涓涓细流和明珠一样的湖泊——据说巴音布鲁克草原有7个湖泊、20多条河流，它们不仅为草原带来了丰富的水源，也赋予它动人心魄的美和勃勃生机。

在蒙古语中，巴音布鲁克的意思是"永不枯竭的甘泉"，可见这里自古就是水源充沛的肥美土地，是各样生命的源头，也是万物生长的天堂。

有水的地方就会有生命，更何况有如此多的河流滋养着巴音布鲁克草原。这里广泛分布着茅草、苔草、松草、蒿草，还有大片肥美的酥油草，它们都是草原生物最佳的美食，品质上乘的牧草养育着草原上著名的天山马、牦牛、大尾羊和双峰驼。而除了牧草，草原上最迷人的莫过于那些绚烂的、惹人注目的野花了，红白相间、蓝紫相容，知名或者不知名的花朵布满了草甸，每一朵花儿都像是从颜料管里刚刚挤出来似的，颜色浓烈而又纯粹，让人恍如走进画卷。

◆巴音布鲁克草原丰沛的水源滋育着这片土地上的生灵。

观赏天鹅的时间

观赏天鹅的最佳时间是春夏时节，此时天鹅孵卵、孕育，成年的天鹅会守护幼鸟，比较容易观赏。而在秋初，天鹅父母带着子女练习飞翔，以便南下越冬，大群的天鹅翱翔在水云之间，也便于游客观赏。为了方便观赏天鹅，在巴音布鲁克海拔2500米的天鹅自然保护区两侧都设有观鸟台，其中东部的巴西勒肯德勒观鸟台视野最佳，越野车可以直接开到台前。

❖巴音布鲁克草原的夏季牧场

不同季节的草原有着不一样的美，春夏时节，草原上的绿色就好像是势不可当的洪水一样，到处流淌，漫山遍野，从山冈到平原，再到河谷，凡是眼睛可以看到的地方，统统都被染上了生命的色彩。可是到了秋冬时节，牧草变得枯黄，草原又像是换上了一件金色的羽衣，从张扬、活泼变得安静、祥和，斑驳而又明丽。

除了如茵如盖的牧草和缤纷绚丽的野花，巴音布鲁克的美还不能缺少一条叫作开都河的河流。据说这条河流非同一般，它身世显赫，即便是在家喻户晓的《西游记》里也都有它的身影，只是在那个故事里它的名字不叫开都河，而是叫作通天河。

千回百转的开都河从草原上流过，用妖娆的身姿缔造出了如梦如幻的意境。从远处看开都河，它就像是一条几十米宽的玉带，蜿蜒地穿梭在辽阔平坦的草原上，一直通向了天的尽头。开都河最令人惊叹的便是"九曲十八弯"。开都河"九曲十八弯"的弯度之大，非常罕见，而且弯道很集中，所缔造的视觉感受让人怀疑这不是自然所为。更加神奇的是，据说天公作美的话，你会在日落时分看到河里有9个太阳！

Chapter 05

青藏高原之旅

·迎接最纯粹的阳光

青海

Qinghai · 通透的水天

　　她是恩泽百姓的守护神，更是天籁中最唯美的一抹纯真，水的尽头，圣地方显。这里有娇艳的格桑花，这里有婴儿眸子般清澈的蓝，这里采撷出世间少有的天籁，在一片皑皑的雪色中，凝成一道通透的风景，比天更悠远，比地更无边……

可可西里

Kekexili ▶▶

藏　北　的　娇　艳　格　桑

　　藏北，一片神秘的地域，像一个带着面纱的异域少女。人们翘首期盼着一睹她的芳容，而她，偏偏只为悦己者容，秀色中倔强之气隐隐闪现。这方醉人的神圣土地，就是可可西里……

　　在藏地，藏民们喜欢给女孩子起名叫"达瓦"，就是月亮的意思。藏民们崇拜月亮，因为藏地的月光是纯净的，透着至真至善的情感。可可西里就是一位叫达瓦的少女，她纯真，神秘，又透着隐约的冷漠。

　　这里是世间最宁静的土地，远离城市的喧嚣，没有世俗的侵扰。这里广阔的草原和巍峨的雪山，甚至从来没有留下人类的足迹。

　　猎猎长风奔跑在可可西里广袤的土地上，走过草

❖玉珠峰下，青藏铁路上的火车呼啸而过，连接着醇美与喧嚣。

原，跨过河流，拂过草甸下藏羚羊柔软的绒毛，拭去格桑花的露水，亲吻一座座雪山冷酷的面孔。长风呼啸而过，哼着隐约的调子，像是远方的藏民跳起的锅庄。

因为陆川，我们认识了可可西里；因为青藏铁路，我们走进了可可西里。

当火车的汽笛响彻可可西里广袤空旷的土地，不知藏羚羊——这些高原的精灵是否会想念那些有力的大手和质朴的脸庞。

因为《可可西里》，我们认识了一群卫士，他们守护着高原的精灵藏羚羊，他们用脚步丈量可可西里的长度，他们用躯体震慑盗猎者指向藏羚羊的长枪。他们的故事，是一首写满眼泪和希望的诗歌，在高原的上空一次次盘旋，一次次激荡。那些沾满鲜血的土地，会得到卫士们灵魂的庇佑，在来年的春天，一定会开出更美更娇艳的大片大片的格桑花……

每每提及可可西里，总会涌动一种源自灵魂的敬畏，敬畏自然，敬畏生命。这片土地寄托着人类最纯净的灵魂，数以万计的人仰望可可西里，魂牵梦萦可可西里，因为这里承载着大自然最原始的面孔，珍藏着人类最纯真的本性。可可西里，一直在安静地守望人类犹如雪山一样质朴的灵魂。

藏羚羊主要生活在中国青藏高原，是国家一级保护动物。它们通常生活在海拔3000～5000米的高原中，最近几年因为过度捕杀而数量骤减。可可西里是藏羚羊分布较广的地区之一。

青海湖 *Qinhai Lake* »

婴 儿 眸 子 般 清 澈 的 蓝

倘若你行走过许多地方，见过许多的人，喝过许多的酒，那么在这里驻足的时候，便会多一份淡定和恬淡。因为心中多了一份虔诚，生活便从此绚烂多姿起来。因为心中多了一抹圣洁，那瞳孔中倒映出的色泽，才会在与人对视的刹那，透出那股婴儿眸子般清澈的蓝。

❖ 幽美的青海湖

青海湖，烟波浩渺中，碧海连天畔，四座巍峨的高山争相守护着它的圣洁。无论从哪个角度望去，它如巨盘一般的翡翠，镶嵌于高山草原，完全忽略了人们的叹惋。

它本是自然的恩赐，缘何不能留在自然之间？

传说，龙王有四子，三个都被分封为一海之王，只有第四个儿子没有得到王权。于是，龙王特意在高原为它开凿了一面湖，青海湖由此得来。小儿子，总是会受到加倍的宠爱，龙王开凿这面湖泊之时，早已酝酿好这里的绮丽。神秘的色彩，湖

中的"水怪",直至今日,人们仍对那些古老的传说确信不已。

面对青海湖,一种辽阔的心境随湖面一同打开。一切美得刚刚好,纯净得刚刚好。面对青海湖,灵魂深处的污垢被涤荡得失去踪迹,心,突然就成为透明的粉色,像水晶,或者比水晶更加剔透。

7月的青海湖,美得别致。当南方成片成片嫩黄的油菜花早已褪去裙摆,这里的油菜花,却开得甚是欢快。那金灿灿的颜色将艳丽倒映在湖泊中,紧围着湖泊舞蹈的雀跃姿态,让人心生爱怜。从高处向下看,一片片黄色,倒映在碧水蓝天之间。远山看到这样的美丽,忍不住将自己绽放得更加翠绿;云儿看到这样的美丽,忍不住将自己涂抹得更加洁白。

青海湖的落日,映着不可一世的绝美。千古佳景的比喻,丝毫不显得夸大。当余晖渐渐覆盖住湖中的波光,青海湖在一瞬间粉红了面庞,那恬静的心情,仿佛是恋爱滋生过的土壤,看似平静,实则心花怒放。

不知为什么,甚至连鸟儿都更加喜爱这里。每年甚至每季都会停留驻足。日复一日,这里便成了鸟的天堂。

如果有一天,你厌倦了喧嚣的生活,那婴儿眼睛中水汪汪的湛蓝,势必会成为你千山万水的跋涉中最终停靠的岸。就在踏入青海湖的瞬间,那抹蔚蓝,就那样在记忆中定格,成为行走中唯一的纯美风景。

沙岛

在青海湖东北,沙岛曾是青海湖中最大的岛屿。18平方千米的面积,海拔在3252米以上。沙岛因为湖中沙垄突出水面,受风沙堆积而成。1980年,沙岛东北端与陆地相连成为半岛,并围成了面积约33平方千米的沙岛湖。岛上无植被,是鱼鸥生息繁衍的地方。

❀7月的青海湖,美得别致。当南方成片成片嫩黄的油菜花早已褪去裙摆,这里的油菜花,却开得甚是欢快。

西藏

Xizang · 诵经的真言

诵经中，隐藏着芸芸众生前世的盼望；日光下，那转经筒辗转出又一个轮回。本来便是圣地，因为人们的席地而坐，更显出几分幽深；因为人们的默祷和跪拜，更显出几分虔诚。"西藏"，这两个字注定与宿命捆绑在一起，迈着神秘的步子，向天的尽头逃亡……

珠穆朗玛峰

Mount Qomolangma ≫

绝 顶 尽 览 众 山 小

海拔8844.43米，珠穆朗玛峰。仰着头凝视天际，遥想着那样的高度，那里都孕育了怎样的奇迹？

珠穆朗玛峰，地处中尼边界的东段，它因8844.43米的海拔成为地球山峰中的佼佼者，那形如金字塔状的山体，时刻显露出威武与庄严。

在珠峰的山脊与峭壁间，随处可见大小冰川，美丽的冰塔林也时不时地显现，为它的俊美平添一笔亮色。

从拉萨租一辆越野车，带好抵御高原反应的药品，

一路驰骋后，便能彻底投入珠峰的怀抱。

绒布寺作为游人进入珠穆朗玛的一个重要驿站，显得十分简朴。

无论朝哪个方向前行，似乎总绕不出山的怀抱。西藏的山真的如人们所说，恰似有着独立的灵魂。

两天两夜后，终于抵达珠峰大本营。这个为保护珠峰核心区环境而特别设立的保护地带，对于游人而言，已是难能可贵。因为，到达绒布寺之后，便不可以驾车。或者徒步或者选用其他方式，行过7千米之后，才能抵达这里。在珠峰北面的山脚下，绒布寺在海拔5100米的山中建立。它号称是世界上海拔最高的寺庙。

绒布寺作为从北坡攀登珠穆朗玛峰的大本营，几乎成了游人们的必经之处。从这里向南极目远眺，犹如巨型金字塔一般的珠峰山体已然出现在视线之中。如逢晴朗，山顶上那团乳白色的烟云格外惹人注目。它好像一面白色的旗帜在珠峰上空挥舞飘扬，由此，"世界最高的旗云"这一景观，便成为世人皆关注的奇景……

太阳照在这个世界最高峰的峰峦周围。

雅鲁藏布大峡谷

Yarlung Tsangpo Canyon ▶▶

超 脱 的 王 者

即便是环境险恶、灾难频繁，它仍是最为壮阔的一笔。

西藏成就了两个世界之最——珠穆朗玛是世界上最高的山峰，而雅鲁藏布，是世界上最长的峡谷。高峰与深谷交错缠绵，强烈的反差中，世界第一的壮丽景观就这样浮出峡谷。

从空中鸟瞰青藏高原，自雪山冰峰间流出的雅鲁藏布江，如一条银白色巨龙，在"世界屋脊"的南部奔腾不息。它琼浆玉液般的河水，不仅造就了沿江奇绝秀丽的景致，而且孕育出灿烂的藏族文化。

雅鲁藏布江的河床，平均海拔超过3000米。它是世界上最高的河，下游本是围绕着喜马拉雅山，却非要霸气地、九转回肠地拖出一条马蹄形的大转弯。它的王者之风让科罗拉多与科尔卡望尘莫及，世界之最的地位坚不可摧。

雪山、冰川、林海、草原，抬起头，上方便是一片旖旎，

❀ 阿里地区风光

管他热带雨林还是皑皑雪山。它的姿态，犹如鬼斧神工，霸气中满腹豪情。

　　皆是不同的景观，皆是充满奇异的生物，明明在同一坡面，却已穿越九个垂直的自然带，明明前一眼还似北极，后一眼却到了赤道。

　　雅鲁藏布江大峡谷是智者，智慧地选择这离天最近的地方，隐匿自己的灵魂。它从不外露，从不擅自去引导别人。它的故事中，总是载满了充满矛盾的喧嚣与宁静，总是在不经意的瞬间，让误闯它领域的敌人在惊慌失措中体验到那份震撼与伟大。

　　胸襟，是雅鲁藏布大峡谷的风范。它用广阔的胸襟去包容自然界的绮丽，它用辽阔的胸襟来感恩和回报这个空间。将恩泽淋洒于尘世，那份超脱，便在万物之上轻易地显现。

　　只有隐匿，才让一切重新划分，重新回到又一个原点。

　　洗尽铅华，雅鲁藏布大峡谷就用这样一种方式与姿态思考着，就这样，矗立着，亘古及今。

❀ 从雅鲁藏布大峡谷看南迦巴瓦峰。

墨脱

　　在墨脱，可以看到雅鲁藏布大峡谷最为艰险壮观的一幕。而且这里的山林翠竹间烟云缭绕，因此在不知不觉中扬名四海。

❀布达拉宫色彩鲜明，以黄、白、黑、红等为主色调。

拉萨 *Lhasa* ▶▶

日　　光　　之　　城

那一天，我闭目在经殿香雾中。蓦然听见你诵经中的真言；那一月，我摇动所有的转经筒。不为超度，只为触摸你的指尖；那一年，磕长头匍匐在山路，不为觐见，只为贴着你的温暖；那一世，转山转水转佛塔啊，不为修来生，只为途中与你相见。

——仓央嘉措

望见拉萨的那一刻，听到花开的声音。仿佛郑钧那慢条斯理的吟咏，仿佛白衣女子在地上无声的跪拜。不能确定，梦中"日光城"的云朵里，孕育出来的是否是彼岸之花；不能确定，阳光里播撒出来的是否是虚幻的景象……

❀西藏雪顿节，哲蚌寺的僧侣们在举行仪式。

拉萨告诉我们：每一个人的心灵里，谁没有这样一座被温柔抚摸、被明亮照耀、被雪山撞击的菩提之城？于是，有人选择匍匐的姿态前行，将所有的祈祷与忏悔置于脊梁之间。

当踏上海拔3650米的拉萨时，脚下感受到的，同样是灰白色的水泥路面。然而，阳光炽烈，瞳孔中，除了金属反射的光芒，便是陌生的当地人黑黝黝的脸。圣城的土地，终于被踏在脚下。

拉萨的天空澄净透明，那抹湛蓝像是在什么时刻吸纳了海洋的色泽一般。而天空之下，阳光炙热而发烫。奔跑，游历，跳跃。这样的地点，就像从哲学家的脑海中走出来的画卷一

般，此情此景，想做的，就只是挥霍，或者，等待神的救赎。

拉萨的建筑大多显得低矮，这似乎是一种传统。

而在来到拉萨的那一刻，布达拉宫的身影便成了脑海中挥之不去的记忆。那样的壮美，在金色阳光下，在红色山峦之巅，它凌空伫立，巍峨壮观。走在布达拉宫的广场，看着整个金碧辉煌的宫殿，那红白相接的层层叠叠，让人内心一阵震颤，那感觉，像针突然戳破皮肤的感触，连至心脏。远远望去，仿佛双手捧起的一座佛塔，在阳光下，显出至高无上。

行走在拉萨的大街小巷，耳中时不时地传入低低的吟诵，那诵经的声音，像古老魔法书上的咒语，解不开，听不懂。行走在拉萨，似乎应了那句"浪迹天涯"。不知为什么，在这个特别的地方，总能看到一个个形单影只的艺术家，或留着长发或背着画夹。

去往大昭寺的途中，心中顿悟。这本是一个神奇的民族，藏起的，不只是如烟的过往，还有奇异的故事。不然，你看那香火缭绕的寺院曲径上，为何载满多姿多彩的壁画？那包罗万象的八廓街上，为何满是一路跪拜的信徒？

心生虔诚，便会生长出虔诚。拉萨，在天高地阔之间，将圣洁传递。

❖夜色灯光中的布达拉宫。它是外乡人的目的地，是藏乡人的朝拜圣地。

纳木错

Nam Co Lake ▶▶

奇 异 多 彩 的 神 湖

　　第一次踏上圣洁的青藏高原，第一次来到纳木错，梦境变成了现实，五颜六色的山花中，满足的笑容挂满眉梢。

❀纳木错湖是天地的骄子，它的纯净和美丽是不到这里的人无法真正领会的。

　　纳木错坐落在拉萨市边界，湖面海拔4718米。从南岸到北岸，湖面的宽度有30多千米。作为世界上海拔最高的大湖，纳木错显得分外安详。这里，还是藏传佛教的著名胜地，作为密宗本尊——胜乐金刚的道场，藏在人们心中的，不仅仅是那一汪如梦如幻的水泊，更是一方圣水，永远受人尊奉的圣湖。

　　相传，纳木错本是天宫御厨里的玉液琼浆，是天宫神女们怀中揣着的绝妙宝镜……

　　独爱藏饰，那秀美的花纹中，似乎掩藏着什么欲诉不能的秘密。而纳木错，便像极了藏饰中一块蓝色的翡翠，通透而明亮。那样奇异的光彩，让人联想到"神光"。神之光芒，保佑苍生。

　　与纳木错共生的，还有5个岛屿。它们兀立于万顷碧波之间。有人说，5个岛屿本是五方佛的化身，而来此朝拜的游客，也不都是为了山水之乐，他们在转湖念经中，有着各自的祈愿。

　　在纳木错，总会遇到这样那样的朝拜者，或是回眸一瞥，或是擦肩而过，转身的瞬间，总有一种灵魂的互通。也许这便是神湖的魔力，深深的对视中，便已洗去铅华。

Chapter 06

西南典藏

·下一站，天堂

四川

Sichuan · 天府之国

四川，一个凝聚着多重性格的地方：或是泼辣，或是妩媚，或是刚劲，或是轻柔，或是外放，或是内敛……每一种性格的外露，都有着说不出的迷人。

九寨沟

Jiuzhai Valley

如 梦 如 幻

花海流觞、落雨谈蝉，斑斓的岁月总流转着斑斓的光影，光影疏斜处，一叶深红，在经幡之上绽放着九寨最美的柔情。

九寨沟，顾名思义，是一处山沟谷地。沟内山水交错，湖泊遍布，纵深约50千米，总面积650多平方千米，风景如画，森林覆盖。在幽深的林木之间、山花烂漫的地方，错落地分布着亚拉寨、尖盘寨、则查洼寨、盘亚寨、热西寨、荷叶寨、黑角寨、树正寨、郭都寨九个藏族寨子，九寨沟之名也由此而来。

相传，九寨的先民原生活在甘肃玛曲，隶属于阿尼卿山脚下的河曲部。唐初，松赞干布以河曲部为先锋东征松州，河曲部的部分属民便留在了松州白水河畔，世代繁衍，演绎了灿烂的九寨藏族文化，亦即九寨六绝之中的"藏情"。

九寨沟位处四川阿坝藏族羌族自治州九寨沟县漳扎镇内，岷山山脉南段与嘉陵

❖ 纷纷扬扬的粉白覆盖了山林，大自然为我们打造了一个如梦似幻的童话世界。

江源头白水河水系的交汇处，地势南高北低，为典型的高原湿润气候区。沟内山谷深切，地形复杂，植被茂密，原始森林覆盖率高达80%以上，有四川红杉、白皮杉、领春木、连香树、三尖杉、麦吊云杉等植被近2000种。秋日，原本青葱的树叶渐渐地被大自然染成了红色、黄色、橙色……或浅淡，或浓烈，或一片片铺开，或一点点晕染，远看层林染赤霞，近观黄叶渲斑斓，山光水影，林水相映，色彩迷离，在浓浓秋意下，自然演绎出了"彩林"最静美的时光。

九寨六绝，水占其三，水在九寨的地位，可见一斑。

人常说，"黄山归来不看岳，九寨归来不看水"，九寨的水也的确是钟灵毓秀，足称天下第一。

所谓"翠海""叠瀑""蓝冰"，实际上指的不过是九寨三种形态不同却同样唯美的水景。

"翠海"指的是九寨的湖光。

九寨沟内有三沟一百零八海，五滩十二瀑，十流数十泉，其中，最明丽、最旖旎的便是一百零八海。

在九寨当地，湖泊一般被称为海子。九寨沟内，108座海子如一颗颗翠色星辰雕琢的宝石被高山、彩林、村寨、古藤、

❖ 面积17万平方米的九寨沟箭竹海，海拔2618米。湖畔箭竹葱茏，杉木挺立；水中山峦对峙，竹影摇曳；一汪湖水波光粼粼，充满生机。

❖九寨沟的山峦连绵起伏，云绕山间，山纳云端，水依山形而妩媚，壮观无比。

❖地震后的九寨沟，碧水瑶池，叠青泻翠，依然宛若仙境。

激流、瀑布有序地连缀在一起，形成了人间最美的一串珠链。火花海、五花海、芦苇海、树正群海、熊猫海、箭竹海、五彩池、天鹅海、芳草海、镜海、长海等，都是珠链上最炫美的宝石。

九寨之美，不仅仅在"翠海"，还在"叠瀑"。九寨沟内河道纵横，水流呈阶梯状在最苍莽的林木之间奔流，形成了一个又一个各具特色的瀑布。这些瀑布，有的飞流直下，有的缠缠绵绵，有的如玉带横空，有的如银河天降，有的……形形色色，洋溢着不一样的水之风情。

　　九寨自古多倾城，倾城之下坎坷生。或许是因为九寨太美了吧，美得连苍天都要嫉妒。2017年8月8日，一场突如其来的地震，重创了九寨沟。

　　地震震源很浅，震级高达7级，地震之后，曾经的人间仙境瞬间被打落尘埃，断壁残垣处处。火花海、五花海受损，湖水变得浑浊不堪；诺日朗瀑布坍塌，不复旧观；其他大部分海子也遭到了不同程度的损伤，黯然失色。那一刻，伤痕累累的九寨沟成了世人心中的伤痛。

　　不过，世间最伟岸的力量从来都是大自然的鬼斧神工。震后仅仅半个多月，九寨沟便如浴火重生般再次绽放了旧日的风华。彩林叠翠、瀑布飞溅，海子重新变得清澈明透，山间林内，淙淙水声也再次绚烂着月光。原本干涸的火花海再次有了水源，恢复旧观，指日可待。

　　千百年来，九寨沟中曾发生过无数场地震。地震之后，沟中形成了诸多堰塞湖，在风霜雨雪的雕琢下，曾经的堰塞湖成了九寨最美的海子。2017年，地震再次席卷九寨，旧日的风景受损，新的风华却在废墟中缓缓地酝酿着。或许，无须多年，九寨便又能令世界惊艳！

　　震后的九寨仍然美得令人目眩。地震带给九寨的不仅仅是伤痛，也有大自然伟岸力量下的新的浑然天成的景致。

　　如果说，震前的九寨如出水的芙蓉般仙姿绝世，那震后的九寨便是一树凌寒傲立的紫杉，缥缈之中带着一种遗世独立的倔强，既有出尘之美，又带着一种沧桑的味道，置身其间，身体与灵魂会得到另一种形式的净化。

❖ 海子

　　"人间有桃源，绝世赞九寨"，踏着岁月的芳菲，行走在九寨沟，足尖流转着碧水间的斑斓，心中徜徉着欣喜与眷恋，无须回首，便已留恋，无须清歌，早已绕梁……悠悠九寨，碧水桃源，人间童话，谁能不深爱？

稻城亚丁
Yading of Daocheng »

天　堂　的　颜　色

❖红草地、绿树、白
石，亚丁是一个说不
尽的地方……

　　在川西的大地上，有这样一个神奇的地方，那里有雪山，有湖泊，有草地，有着你能想象的各种美，而且天堂里有的颜色，在这里你都可以看见。这个地方就是稻城亚丁。

❀ 白云下的雪山……

稻城，古名"稻坝"，位于四川西南边缘，甘孜藏族自治州南部，在藏语中是"山谷沟口、开阔之地"的意思。有人说，它是唯一可以与香格里拉相媲美的地方。

亚丁身处高原，境内最高海拔6032米，最低海拔2900米，东接凉山彝族自治州木里藏族自治县，西临云南的香格里拉，是由贡嘎雪山和海子山组成的绝美之地。海子山是喜马拉雅山造山运动留给人类的礼物，在这片方圆3000多平方千米的大地上，嶙峋怪石与大小海子星罗棋布，仿佛是天使与魔鬼战斗后的猎场，有着恣意张狂的任性，也有着温和如玉般的美丽。

在海子山叠叠层层的山体中，1145个高山湖泊就如上帝失手撒下的钻石般闪烁其间，它们碧蓝如玉，晶莹剔透，静静地散发着一种纯净的气息。湖边石畔偶尔有毛茸茸的小草和不知名的小花摇曳着，显示着生命惊心动魄的美丽。

或许对于美丽的亚丁而言，海子山永远只能是路边的风景，但就是这些匆匆的目光、浅浅的脚印，留给了海子山最深沉的记忆。一个人的心灵能走多远，能飞多高，来到海子山，你就会明白……

在稻城，青杨是一道美丽的风景。或许是由于稻城的海拔太高吧，这里很少看见其他的树林，除了青杨。在这里，你不必刻意寻找，在公路上，小河边，

❀亚丁的秋天，透出灿灿的美。

放眼望去，视线所能及的范围都种满了大大小小的青杨，每一株看起来都那么的讨人喜爱，枝叶永远是积极向上伸展着，不需修整也整齐紧密，远远看去，就像是身着彩裙的亭亭少女，有着一种欲语还羞的韵味。如果你是秋天来这里，那你

欣赏到的绝对又是另一番景象。笔直的树丛中，一片片的黄叶如蝴蝶般飞舞，而那些未落的半绿带黄的枝叶，则在微风中轻轻招手，像是在与姐妹告别，又像轻轻细语，诉说着叶落后的美丽。

秋日的稻城，美丽的不仅是青杨林，还有著名的红草地。红草地位于桑堆至稻城的公路旁边，距稻城县城金珠镇28千米。如果不是秋天，很难想象这里的美丽，沿着柏油路两旁是宽阔的牧场，远处山峦起伏，溪流平缓，偶尔有牧人、牛羊群点缀其间，散发着一股宁静祥和的气息。然而，到了金秋十月，这里便像一片火海，水草仿佛在一夜之间被点燃，一团团、一簇簇极为张扬地铺向水中，彰显那种最为艳丽的深红。

如果是雨后初晴，阳光柔和明媚，红草地又别有一番风味。红草地并不大，生长在水中的莛草，稀疏地像灌木枝般扎根在盈盈水中，映着雨后透彻的阳光，淡淡地散发着紫色的气息，美得那么妖艳，那么多姿多彩。站在红草地的边沿向远方望去，不禁感叹，这是怎样的一种色彩组合呀！蓝色的天，白色的云，淡青色的大山间隐藏着小村庄，村庄前是辽阔的有些枯黄的牧场，牧场中，几头悠闲的牛在吃草，水边有黄绿相间的青杨树和红色的草，即使是最出色的画家也无法画出如此绝美的画面吧。但自然的神奇就在于这里，它把这些丰富的色彩，如此恰到好处地组合在一起，让你举起镜头就是一幅幅最美妙的色彩画卷。

❀ 亚丁的桑堆红草地，红得耀目。

如果说海子山的美丽是幽密，红草地的美是绚烂，那么亚丁的美丽便是纯净，是能揭开你尘封记忆的净土。亚丁是三座神山的故乡，在稻城人的眼中，仙乃日山就如观世音菩萨那般慈祥，平坦的峰顶就像一只神奇的雄鹰，庇护着稻城的人们。

❖ "放马天山"，在这里成了"放马亚丁"，而你一定会被这里的美丽征服。

亚丁有一股神秘的力量，听说很多人到了这里，看到了仙乃日，都会泪流满面。人们相信，那就是神山的力量。而没有登上山顶的人，也宁愿在山顶积雪融化成的纯净的小溪中，掬一口溪水，让仙乃日的纯净，洗去尘世的污浊与烦恼。珍珠海掩映在仙乃日山下的松林中，碧绿的海子，倒映着如同观世音菩萨般慈祥的仙乃日，就像菩萨裙上的玉石，闪烁着迷人而宁静的光彩。

在仙乃日雪峰的脚下，还有一座冲古寺。传说，当年高僧却杰贡觉加错为了终身供奉神山，弘扬佛法，在此修建了寺庙。不料建寺庙时却触怒了雪山上的神灵，于是灾祸降临四周百姓，麻风病流行。却杰贡觉加错知道后，便终日念经祈福，祈求神灵降灾于自己，以免除百姓之灾。后来，他的慈悲感动了神灵，百姓平安，他则身患麻风病圆寂。如今那段曲折而动人的历史早已远去，然而，却杰贡觉加错的灵骨却葬在这里，保佑着四周百姓的平安。

稻城的旅行，带给你的不是惊艳的美丽，它没有九寨黄龙那样色彩斑斓，也没有内蒙古草原那样广袤，甚至连长白山上的枫叶也比她惊艳，但只要想起那些静谧而安静的海子，那片红艳似火的草地，还有那里湛湛蓝天，你就会发现，稻城就像通向天堂的一条路，让你"眼睛在天堂"。

红草地旅游

红草地是稻城美景中最精彩的华章，吸引着很多人慕名而来。然而，想观赏红草地的人要注意，红草地季节性很强，一般从9月底开始变红，到10月达到鼎盛，此时菹草似火，是观赏的最佳时机。到了10月底，菹草便渐渐褪去了火艳的颜色，开始枯萎，而11月份，便消失不见了。所以如果想去红草地，一定要赶巧哦。

海螺沟

Hailuogou ▶▶

金　海　银　山

　　走进海螺沟，就像久久离开大海的海螺找到了家，那纯白的冰川，映山的彩霞，是通往内心的那片海洋最直接的方式。

❀黑瓦、石墙、枯树，其实是美丽海螺沟的真正主人。

海螺沟虽然被称作"沟"，却是一条大峡谷。有关她名字的由来，有一段传奇的故事。传说藏传佛教中有一位大成就者，叫唐东杰布，他知识渊博、先知聪慧，具有非凡的法力，被人们称为"法王"。唐东杰布法王身边有一个从不离身的法器——海螺，当法王遇到危险或者需要帮助时，只要吹响三次海螺，困难便会迎刃而解。有一段时间，唐东杰布法王在一个大峡谷中修炼，夜晚宿于冰川巨石的岩穴下，早上起床后，便在石穴前口念佛经，并向贡嘎神山跪拜，偶尔吹一声海螺，林中的禽鸟便来石穴前听他念经。后来，唐东杰布法王逝世了，但林中的禽鸟依然按时来石穴前聚集，天长日久，石穴顶部便长出了树木和花草，呈现出一派芸芸众生的景象来，众人都为之惊奇。一日，唐东杰布的弟子在石穴前休息，睡梦中听师父说这条峡谷与佛颇有渊源，应以海螺法器命名。于是，"海螺灵石"的名字流传了下来。

　　海螺沟位于四川省甘孜藏族自治州东南部，贡嘎山东坡，是青藏高原东南缘的极高山地。沿着磨西镇曲曲折折的公路，便攀上了海螺沟的旅程。海螺沟真是一个神秘的地方，公路两侧崇山峻岭间密布着原始森林，其间绿荫苍翠，到处可见挺直而立的冷杉。海螺沟还是一个有灵气的地方，沿着山路随意漫步，无论走到哪里，都可遇见甘甜可口的泉水，它们或是自地下涌出，形成清澈的溪流，或为石下飞瀑，轻柔温婉地落出一幕珠帘。

尽管海螺沟树木葱繁，流水淙淙，但真正震撼人心的却是山顶上那一片冰川。海螺沟海拔只有2850米，却有长达5700米的冰舌噬舔着大地，只见晶莹的冰从高峻的山谷中铺泻而下，溅起了一片冰花，瞬时将寂静的山谷装点成了天宫中的琼楼玉宇，而那冰面上分布着冰面湖、冰裂缝、冰蘑菇、冰洞、冰桥……如神话中的水晶宫一般，闪烁着晶莹剔透的光芒。

当第一缕阳光的金黄落在这片冰舌之上时，整个世界仿佛都沸腾了，海螺沟所有的雪峰都披上了金子般的颜色。远方的贡嘎雪山则静静地踞于群峰环簇之中，伫立在天地之间，仿佛一尊巨大的金色神像，散发万丈的光芒，而海螺沟便被静静地笼罩在这片光芒之中。

在这如诗如画的美景中，语言显得苍白无力，唯有闭上双眼，去感受这奇妙的旅程……

❀海螺沟冰川森林公园，红得耀眼，黑得浓重，白得洁净——堪称美的集合。

❀峨眉山金顶的十方普贤金佛。

峨眉山

Mount Emei ➤➤

山　　林　　清　　音

"美人卷珠帘，深坐颦蛾眉。"古人说，峨眉山是一幅定格的水墨丹青，横贯山间的四条秀水是画作的飞白……

青 山若黛，秀水如眉，这往往是峨眉山给人的第一印象。得名峨眉，或许是因为它嶙峋的山峰酷似眉，或许是"水是眼波横，山是眉峰蹙"的悠悠韵致，让你不管是在山间行走，还是在寺院听禅，总能感受那一丝丝的妩媚。

　　来峨眉的人，多少是因为对心底的那份虔诚。报国寺就坐落在峨眉山麓的凤凰坪下，担当着峨眉山进山门户的重任。每

❀天地清明时的峨眉山。

当清晨，报国寺中的晨钟便会伴着晨曦响起，这沉闷的钟声穿过清幽的空谷，穿过嶙峋的山林，点破了这幅丹青的宁静，召唤着新一天的到来。熙熙攘攘的人群从四面八方纷至沓来，转眼便隐匿在峨眉的群山之中了。

峨眉山峰包括大峨眉、二峨眉、三峨眉、四峨眉。大峨眉海拔逾3000米，因此，这里的云看起来便低低的，在山间流动，形成了独一无二的云海。每当晴空万里时，云雾便从千山万壑中轻轻升起，顷刻间，苍茫的云海便如一片巨大而洁白的绒毯般，铺在峨眉的每个角落，温柔而厚润。远方吹来轻轻的风，刹那，云的海洋便翻涌起来，而隐匿在云海中的山峰，犹如一座座小岛般，透出一种神秘的气息。

❖遥望峨眉山金顶，在云雾缭绕中，这里有着锦簇的美丽。

峨眉金顶的佛光，可谓峨眉一绝。站在峨眉最高的山峰——金顶之上，看着早晨灿烂的阳光由东方慢慢升起，绚烂的朝阳斜射在云朵之上，映出一片神奇的色彩。如果此时，你慢慢转身，背对太阳，可能就会惊奇地发现，在前方氤氲的云雾之中，竟然有一个巨大的，红色在外、紫色在内，中心部分像一面发亮的镜子般的彩色光环，而在光环之中，便是自己清晰的身影。传说，此时无论有多少人，人们所见的始终都是自己的身影。而且人在环中，影随人移，绝不分离。

然而，峨眉山的这种令人惊奇的景色，并不是日日可见的。据说，在一年中360多个日子里，出现佛光的时候最多只有80天，可谓可遇不可求。即使没有缘分，看不到金顶上的佛光，站在山顶上极目远眺，胸襟也会随之开阔。若是晴日，则可仰望幽幽的蓝天，俯视脚底霭霭的白云，似置身于千里田园，仿佛在3000多米的高度，也能闻到甜甜的稻香。

置身峨眉，心中浮想着有关峨眉的无数个传说，时时刻刻感受着山顶令人惊叹的景色，心，仿佛也静了下来。

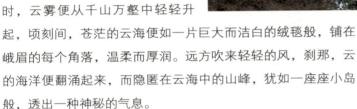

洗象池夜月

峨眉山的洗象池凌驾于钻天坡上，海拔2070米。传说普贤菩萨曾骑象登此山，到这里后，在池中汲水洗象，因此得名"洗象池"。

重庆

Chongqing · 火辣多情

提起重庆，人们所能想起的定是火红沸腾的火锅、泼辣的重庆妹子、精明的重庆男人，还有那终年雾气缭绕的群山。然而，这并不是重庆的全部，原来这里也有静静的景色，淡淡的情……

小寨天坑
Tiankeng In Xiaozhai ➤➤

大　地　之　窗

自然是神奇的，在春夏秋冬四季的更替过程中，不知不觉塑造了许多神奇的地理现象，其中就有重庆奉节的小寨村天坑。

小寨天坑位于奉节县的荆竹乡小寨村，是地道的地理学上的"岩溶漏斗地貌"。有关小寨天坑的形成有很多说法，有人说这里曾经是外星人的基地，也有人说它只是地质的一种表现形式，而小寨天坑究竟是如何形成的，就连专家也不得而知。只知道这个海拔1331米、深666.2米、坑口直径622米、坑底直径522米的大坑，犹如一个奇迹般，呈现在人们面前。

绕过写着"天下第一坑"的石碑，真正到了天坑，你会发现，这里四壁陡峭，只有在东北方向的峭壁上，有一条羊肠小道，在竖直的石壁上盘旋环绕直至地下深处。站在天坑顶端的峭壁上，可望见斜对面崖壁上有两间茅屋，那是"二墩"，在天坑一半深的地方。传说这里曾经是某位隐士的居所，很难想象绝壁上的羊肠小路，就是当年隐士与外界的唯一通道。

在峭壁400米深处，有一块斜坡

❖从天坑底端望去，仿佛自己是在井底，天成了盖子。

状的台地，站在此处向坑底望去，只见一削千丈的绝壁直插
地下，深不见底，令人目眩，仔细聆听，仿佛还有流水的轰隆
声，那是坑底的地下河。沿着峭壁上的小路向坑底走去，随处
可见青青的小草、鲜艳的野花，伴着湿润的泥土的清香气息，
颇让人感到心旷神怡。

　　坑底巨大的地下河水，来自一条被当地人称为"地缝"
的地方。这条地缝长达14千米，但最窄处仅有2米，与两边高
约900米的峡谷相映，形成气势恢宏的"一线天"。在中国很
多景观中都有一线天的景色，但奉节大地缝中惊险奇绝的一线
天，足以让其他景色黯然失色。从上面俯瞰，只见群山之中，
一片绿色之中，隐约可见一条云雾缭绕的缝隙；而站在坑底抬
头仰视，它就像大地开的一扇天窗，或许这也是小寨天坑被称
作"大地之窗"的原因吧。

　　天坑中不仅有许多暗河，还有四通八达的密洞。这些洞穴
奇绝险峻，尽管近些年来各国探险家多次进行探险考察，但目
前仍未完全了解天坑中许多洞穴的情况。不少洞穴中有清亮的
水，连其中的游鱼都看得清清楚楚！

　　小寨的天坑，绝对不会让你失望，因为它总是能带给人们
奇特的感受与惊喜。

❖羊肠小路通向天坑
内部，使人们能够一
览这个自然奇观。

长江三峡

Three Gorges of the Yangtze River ≫

孩 提 时 代 的 梦 境

　　长江三峡，这个中国人熟悉到不能再熟悉的名字，承载了中国几千年的梦。从母亲长江的孕育，到触目惊心的三峡险滩，再到烟波浩渺、水平如镜的三峡水库，长江三峡承载的不仅仅是梦想，还有几千年的悠悠历史……

✦三峡江面上的游船

人们常说"长江之雄险，莫过于三峡"，而"三峡"之名，早已经深深刻入了人们的心里。三峡是万里长江中一段最壮丽的峡谷，东起湖北宜昌的南津关，西至重庆奉节的白帝城，由瞿塘峡、巫峡、西陵峡组成，全长193千米。

站在葛洲坝上，江风吹拂着脸庞，在青山夹岸中，看见一泓滔滔江水从远山蜿蜒流淌下来。远处，一马平川，在一片雾气中，烟波浩渺的长江融入了天尽头。此时此景，每个人都会有一个梦想吧——梦想有一天能沿着这一派山水，一路西去，去看那绝不同于这里的风景。

巫山或许是长江最富浪漫气息的地方，一首"曾经沧海难为水，除却巫山不是云"不知迷倒了多少有情人。穿行于此，能清晰地感受到长江的古朴的美丽，仿佛置身于数千年前的蛮荒时代，感受到一股淡淡的难以言喻的气息。

如果说巫峡秀丽多姿，带着一股浓浓的生活气息，那么瞿塘峡就是雄奇伟岸，会带给你一场惊心动魄的刺激。这段长江显得尤其狭窄，过去经过这里的船只，只能忽左忽右地航行，以躲过江底的暗礁。如今大坝的建成，让那段惊险的日子一去不回，只是上涨的江水，也淹没一些两岸的风情。据说，在如今被淹没的山崖上，曾经有一条嵌入岩体的石缝，山与山之间还有石桥相连，也随着江水沉入水中。

夔门是瞿塘峡中最险峻的地方，素有"夔门天下雄"之称。两岸的悬崖峭壁如刀削斧砍般，直立着插入水里，江面更加束窄，水流更加湍急，游行于此，有一种无法言说的震撼。从夔门出来，回首一望，它如一名守卫着巴蜀大地的卫士，屹立在那里，万年不倒。

夕阳渐落，看着两岸雄奇的山峰，点点灯火透着家的温暖，不禁思念起家人——他们也在吃晚饭了吧……

✦ 上：险峻巫峡烟雾缭绕的景象。

❖ 下：瞿塘峡在三峡中最为险峻，它的西端起于著名的白帝城。

云南

Yunnan · 山光水色

云南，一个充满诗情画意的名字，意味着一个充满神奇色彩的地方。她正以自己的方式，向世人诠释着唯美的定义。把目的地选在这里，为了心中的日月，为了圣洁的雪山，为了神秘的摩梭人……

香格里拉
Shangri-La >>

心　中　的　日　月

传说，在青藏高原雪山深处的某个地方，有一个由八个莲花瓣状的地域组成的王国。这个王国被双层雪山环抱，中央耸立着如雪山般高的卡拉巴王宫，这里没有痛苦、欲望，只有圣洁和智慧，这个王国便是香格里拉。

在佛教的发展史上，香格里拉一直被作为"净土"的最高境界，而被广泛提及。传说中，香格里拉人是最具有智慧的圣人，他们身材高大，拥有着自然的力量，能从人们看不到的地方，通过"地之肚脐"的

隐秘通道与世界进行沟通和联系。1933年，詹姆斯·希尔顿在《消失的地平线》中，曾把一个雪山峡谷中的东方世外桃源般的地方称作"SHANGRI-LA"（香格里拉）。60多年后，这个世外桃源"香格里拉"被确认在中国云南省的"屋脊"迪庆高原。SHANGRI-LA的英文读音，与迪庆高原中甸藏语方言"香格里拉"如出一辙，后者意为"心中的日月"，源于流传中甸本土几千年的"日月崇拜，万物有灵"的宗教观念。从此，人们的心中有了真正的香格里拉形象。

走进香格里拉，就像走进了天堂，路边狭长的原野上，一片油绿，偶尔有成片的不知名的金黄色草花，成群的牛羊散漫地游荡着。远方的云很低，很厚，紧紧地贴着天边的山峰，让你感觉离天空是如此的近。干净的柏油路边，不时出现几朵淡紫色的杜鹃，在夏风中轻轻摇摆，淡淡地透出宁静的气息。这是什么样的生活哟，远离了人声鼎沸的喧嚣，和心爱的人，听着清风、小草的低语，要不是来到香格里拉，恐怕只有在梦中才能出现吧。

沿着不算宽阔的柏油路慢慢爬升，那片原野渐渐不再那么丰腴，成片的小黄花逐渐消失，取代它们的是花园般的峡谷，满是开着白色花朵的树木，偶尔有一两间小木屋掩映在树丛

❖ 香格里拉是色彩绚丽的画卷，比江南水乡更加靓丽。

中，门前有清澈的小溪流过，颇有世外之感。穿行于浓密的白花树下，一片片白色的花瓣伴随着夏风飘然而落，如冬月的雪花般，铺满了树下的草地、溪边的黑土，让碧草、黄花和溪边蓝色的鸢尾都失去了颜色。脚下，点点落英随着潺潺溪水，无声地流向远方，恍惚如同梦境。然而，小屋上袅袅的炊烟却明确地告诉你，这是尘世，这是在香格里拉。敲开小木屋的门，你定然看见一张淳朴的脸，带着明净的笑容，那样的笑容只有最纯净的心灵才能绽放。老乡热情地帮你沏好酥油茶，如果你饿了，他们还会请你吃藏族特有的大饼。尽管语言不通，但这份热情与友好却可以通过热热的酥油茶和暖暖的大饼传递，让香格里拉顿时温暖起来。

草甸不是香格里拉的主旋律，小雪山的北麓才是传说中的香格里拉秘境。石峰延绵峥嵘，巨柏黛色参天，其间松萝倒挂、杜鹃紫红，幽深的峡谷升腾起淡紫色的烟雾，晕染着乡村民谣中的蓝色山脊。当黄昏的阳光穿过雪山上翻涌着的浓厚的云，从天空中斜射下来时，明亮而炽烈地为雪山深谷

❖香格里拉的一处佛寺，坐落在翠意无限的山坡上。

抹上了浓墨重彩，也点燃了绝壁上怒放的杜鹃。霎时，无比强烈的色泽，无比鲜明的反差，扑面而来，让人震撼。

香格里拉的海子，如天上下凡的星辰，星星点点地散落在高原上，静谧柔美地躺在香格里拉的怀里。在这里，仿佛可以听到月光倾泻在水里的声音，阳光抚摸树叶的声音，蜜蜂亲吻鲜花的声音，自然与人类沟通的声音。

香格里拉是个令人心动的地方，环境极其宁静优美，但它的天气也是极易变化的。明明还是太阳高照，远远的一朵乌云过来，千丝万缕的、明亮的雨滴便稀稀落落地来了。香格里拉的雨从来都不是柔情的，转眼便能将人浇成落汤鸡般。这时，人们多少有些懊恼，但也不用着急，只需几分钟，乌云过后，明亮的太阳便又回到你的身边，甚至你若穿过雨云回望，还能看见美丽的彩虹。这就是香格里拉，这个神秘、充满灵气的地方，有着一股魔力，能让心灵驻足。

来过这里的人，对生命与生活会产生不一样的理解与认知。无论是灿烂的阳光下，高原大地矗立着的银装素裹的雪山，奔流着的汹涌澎湃的江河，还是险峡深邃的峡谷托起的大山脊梁，一马平川的盆地孕育着的金色果实，都带着那遥远王国的绿色希望，为你，在宁静优美的高原上，映照出蓝天上那片最美丽的彩云。而你在这里，可以慢慢寻觅古老丰博、灿烂光彩的藏文化、纳西文化等各民族丰富的历史和文化，因为这里是藏族和其他各民族南北交往的走廊；也可以细细品味传说中的"理想王国"香格里拉的清新、平和的韵味；还可以静静融入人与自然和谐共生的，香格里拉的悠远情怀……慢慢地，心会跟着平静下来，你会发现，香格里拉，正以其神秘的力量，伴你走过漫长的生命旅途。

这里确实是你向往的那片净土……

香格里拉的美食

在香格里拉，有一种叫"寺不"的食品，是纳西族一道远近闻名的名菜。"寺不"是纳西语，语意为"吹肝"，即在猪肝中加入精盐、五香粉、姜丝等调料后，撒上花椒粉，使之风干。食用时，再将"寺不"放入汤锅，放入适量辣椒、姜、花椒，用小火慢煮，待熟后，取出切成薄片食用。据说麻辣芬芳，有种特别的味道。

在香格里拉，饮品除了酥油茶外，还有一种颇具特色的索里玛酒，俗称"藏酒"，也叫"藏啤酒"，是用青稞发酵制成的。据说酒味平和、恬淡，但后劲十足。

❀ 这里的藏族女子，有着独特的大方与妩媚。

丽江 *Lijiang* ▶▶

最 繁 华 的 淡 泊

　　每一个傍水而居的城市，定
然有一种迷人的韵味，丽江也是
其中之一。丽江有一种苍凉的、
悲壮的味道，但这里的古道、小
桥、流水、人家，在白云
悠悠的蓝天下，经过阳
光的渲染，却洋溢出
一股江南水乡般的清
新秀丽来。

❖丽江小镇一角

丽江依山傍水，四周青山环绕，尤其是西北处，几座孤山高耸入天，就如同架笔台一般，与城内幽幽的绿水相映生辉，诉说着茶马古道上的历史。穿行于城内的老街，踏着五花石铺砌的街道，你多半会深深爱上这个城市。尽管这里名声在外，小城到处充斥着现代繁忙都市的情景，人来人往，车水马龙，但小城却并没有染上金钱的俗气，即使是现代商业的喧哗与轻浮，也仿佛被小城净化了般，悠悠地透出一股温文尔雅的气息来。街上的人或繁忙或悠闲地出街入巷，挑着担子的农夫，担着新鲜的水果、蔬菜，悠然地走着，没有一丝急迫，偶尔走累了，便在街口放下担子，随意地抽根烟，休息一下；背着行囊的外来行者，也随意在街上漫步着，步履轻松，优哉游哉，形成了街道上一道独特的风景。

来过丽江的人，没有不知道四方街的，它就像这座小城的一个奇特标志，被人们口耳相传着。丽江城内的街道很神秘，虽然密乱如麻，但无论你怎么走，最终都会到达四方街。四方街虽叫"街"，实际上却是一个小广场，四四方方，犹如一颗方方正正的府印，辐镇着这座小城的四方。站在这里观望，大街小巷排列有序，四周店铺客栈环绕，排档鳞次栉比，人声鼎沸。据说这里的市集与物品，已经纠缠了几百年，如今依然纠结着。随着拥挤的人流进入市集，触摸着散发古韵的铜器、瓷瓶，穿梭于现代与古代的时光错觉中，不禁轻问自己：这是在哪里？

待日暮，叫卖声、喧哗声随着落日的余晖逐渐远去，古老的青石板上，只留下一片洁白的月光。此时，寻一家茶馆，静静坐下，看着茶杯中升起氤氲的水雾，听着茶馆中人们悠闲而散漫的低语，感受着空气中残留的白日跳动着的纳西族轻灵飘逸的风韵，一天就在静谧而安详中安歇了。

丽江，就是这样一个地方。一股悠然不变的气息，与丽江的自然天成浑若一体，让人感觉如此舒适、淡然，或许这也是人们爱上它的原因。

🌿 如今，水车已经成为一种曾经的象征，坐落在丽江古城。

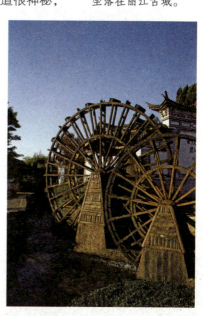

大理 *Dali*

那 一 场 风 花 雪 月

欢快而奔腾的泉水，翩翩飞舞的蝴蝶，泉边还有温婉而多情的女子……这个如梦如幻的地方，便是大理。

人们常把大理称为"风花雪月"之地，其实，这并不是指人们所想的浪漫生活，而是指"下关的风，上关的花，苍山的雪，洱海的月"。

下关的风终年不息，不带一丝灰沙，而且还有一种浪漫的情调。无论冬夏，下关的风都会穿过干净的街道，轻轻地拂过游人的面颊，就像白族姑娘轻柔的衣袖，带着若隐若现的香气，行走于游人之间。尤其令人惊奇的是，行人迎风前行，风儿轻轻吹行人的帽子，本应落在身后的帽子却总落到行人面前，让人百思不得其解。或许还是下关的风太多情吧，才用这种小"伎俩"愉悦行人的心。

下关的风中带着丝丝的馨香与甜蜜，是上关的花儿都盛开

🌸大理崇圣寺三塔

了的结果。上关位于大理苍山云弄峰之麓，是一片名副其实的花的海洋。这里的花朵大而丰满，枝头上娇艳的玫瑰，居然朵朵都有碗口大小，而平常所见的娇小的蝴蝶兰，也仿佛吸收了无比鲜美的养料，变成了大大的花瓣，像微笑的老人在风中摇曳，连成了一片灿烂的紫色。在关外的花树村，还有一棵著名的"十里香"花树，花大如莲，传说是吕洞宾吕仙人所种，带着一股仙人的灵气。据说，一般的年份，十里香的花都开12瓣，但到了闰年，花瓣就变成了13瓣，颜色为黄白相间，非常美丽。花落后，结出一种黑而硬的果实，当地人常常用来做朝珠，因此，此花也叫朝珠花。

大理一年四季如春，雪是不容易落到大理的坝子里的，但苍山的顶峰上，却终年覆盖着洁白晶莹的积雪，远远看去，就像一条舞动着的苍龙白背，在大理灿烂阳光的映照下，美丽动人。传说当年瘟疫流行，有一对白族兄妹为了救大家，便到菩萨处学法，归来后，妹妹变成了雪神，与哥哥一起将瘟神赶到了苍山之顶，用千年不融的白雪冻住了瘟神。从此后，苍山的十九峰上便有了一顶像大山的帽子似的积雪。

在苍山之东，有一片如镜般的湖泊，那便是洱海。洱海形似人耳，南北长，东西窄，是一个风光明媚的高原淡水湖泊。据说每到中秋节，居住在洱海周围的人们便要将木船划到洱海里，低头便能看见一轮金月亮藏于水中。而此时，茫茫的"大海"、天光、云彩、月亮相映在一起，形成一幅优美的图画，令人陶醉。

明丽的天空，宁静的洱海，造就了大理一颗宁静的心，使得这里的风、花、雪、月，如此美丽……

◆大理古城中的街巷。其色彩有如云南少数民族姑娘身上的衣衫般绚烂。

❖石林一景

石林 *Stone Forest* ▶▶

阿　　诗　　玛　　故　　乡

　　石林最迷人之处并不在于远眺，而在于身历其境。这就是说，你必须钻进石林的深处，窥探它的秘密。

——洛汀

✿ 阿诗玛的名字为许多人铭记是因为电影，而电影则源自这片石林。

石林，是在云南旅行最不能错过的地方。这里不仅拥有美丽的喀斯特地貌，更是彝族传说中阿诗玛的故乡。它坐落在昆明南边的石林彝族自治县境内，距昆明城86千米。大约3亿年前，石林这个地方还是一片汪洋大海，但不知什么时候起，海底渐渐升起了碳酸盐岩。在经过了数百万年的

风吹雨蚀后，逐渐形成了千百座拔地而起的石峰、石竹、石笋。于是，这里就出现了一片姿态各异、妙趣横生的石头"生长"的森林，"石林"也由此而得名。

漫游在石林，人们会情不自禁地被自然界神奇的力量所震慑——千百座拔地而立的石峰，形成了一幅群峰壁立、千峰聚翠、气势磅礴的石海画。

大石林是石林景区最重要的组成部分，这里最美、最高、最难登的峰是莲花峰。莲花峰"清水出芙蓉，天然去雕饰"，一枝独秀般地高高傲居在"剑峰池"之滨。要到达莲花峰顶，有小道通往，只是险象重重——这里有块叫"搓板石"的大岩石，侵蚀如搓板，手无处攀扶只能蹲下一步步往前挪，惊险刺激，很多年轻人都以上莲花峰来验证自己的胆量。上了莲花峰后会发现：头顶是蔚蓝的天空，脚下如千柄剑出鞘，峰顶视野宽阔，峥嵘峻峭的石林尽收眼底，这时的你会有"无限风光在险峰"的感觉。

小石林，与大石林肩并肩地相连，却又自成一体。这里的石头不太密集，地面比较平坦。桃、李、梅、茶花……星星点点装扮着四周，陪着圆形水池边一座婀娜的石峰——她背着背篓，深情地眺望着远方，她，就是传说中美丽勤劳的姑娘"阿诗玛"的化身。传说很久以前，在彝族地区一个叫作阿着底的地方，一个穷苦人家的女儿阿诗玛爱上了诚实勇敢的彝族青年阿黑，但霸道的财主热布巴拉的儿子阿支看中了美貌的阿诗玛，抢走了她。后来，她被阿黑救出。就在这对彝族青年回家的路上，山洪暴发，卷走了阿诗玛。阿诗玛化成一座山峰，她深情地眺望远方，似在期盼着她的阿黑哥……

石林，这个数百万年不变的"林海"，仿佛用坚硬的石头，诉说着心中的爱恋与誓言。

❄剑峰林立，丛丛簇簇。在这里，只能感叹自然的造化。

西双版纳

Xishuangbanna

彩　云　之　南

　　曾经听到过一首很美丽的歌，歌中说"美丽的西双版纳，却留不住我的爸爸"，时常留恋这首歌，因为歌中似乎有种哀伤，诉说了一个平凡而老套的故事，还有那个美丽的地方。

　　西双版纳的繁华在景洪，它是西双版纳傣族自治州的首府。景洪是一座孔雀之城，不仅因为这里的姑娘衣着鲜艳，有着孔雀般的美丽，还因为这里曾经有过很多很多孔雀。曾经这里是孔雀的天堂，傣族人喜欢孔雀，他们认为孔雀能带给人们吉祥，但长时间捕猎、惊吓孔雀，已经使这里的野生孔雀凤毛麟角。如今，景洪的街上依然可以看到很多店铺出售孔雀毛，但多是从家养的孔雀身上取下来的。

　　如果说西双版纳是一片颜色的海洋，那么西双版纳傣族姑娘的裙子一定是这片海洋中最亮丽的珍珠，散发着绚烂的色彩。其实傣族姑娘的裙子只是一大块布，裹在身上，简单得很。但就是这样简单的一条裙，却有着世界上最绚烂的色彩——淡红、淡黄、青绿……如此绚烂的颜色，再配上苗条的身材、纯美的容颜，就形成了西双版纳大街小巷中最亮丽的风景。

　　在景洪市南，有一朵艳丽的金色兰花，那便是曼景兰傣族村寨。当早晨的雾霭渐渐散去，曼景兰慢慢显露出它的轮廓来，一棵棵高大的杧果树、凤凰木、铁

✿ 在西双版纳雨林谷，感受真正的热带雨林风情。

❖ 傣族是一个全民信教的民族，而且信的都是佛教中的小乘佛教。

刀木静静伫立，掩映着村寨中清丽淡雅的小竹楼，远远看去，竹楼就仿佛是绿色之海中的一叶小舟。说是竹楼，其实它只有一层，下面是高高的木桩，木桩间或堆放着杂物，或养着猪和牛，而上面的竹楼才是傣家真正的休息之地。沿着竹楼前的楼梯，慢慢爬上竹楼，幽暗的光线下，透过一条条竹板拼成的地板，隐约可以看见楼下的猪和牛。

除了绚烂的街市，美丽的傣族女孩，悠悠的村寨，在西双版纳还有茂密的植物王国。这里种植着7000多种热带、亚热带的植物，其中有许多美丽而特别的植物，组成了一个天然的"空中花园"。

西双版纳到处都是惊奇，散发一种静静的绚烂的气息，就像轻柔的雾，淡淡地围绕着每个来西双版纳的人的心……

❖ 傣族在每年4月中旬都会举办泼水节，这是傣族人民的新年佳节。此时，无论是在竹楼、村寨里，还是在街道、公路上，不论男女老少，过路行人，都加入到热闹的泼水活动中。

贵州
Guizhou · 灵动俊秀

　　贵州省是一个让人激动的地方！贵州的山,层峦叠嶂,峰耸岭峻,气势磅礴。贵州的人民,能歌善舞,热情好客……她以其独特韵味存在,不乏生动的灵性。

黄果树瀑布
Huangguoshu Waterfall ▶▶

飞　　天　　银　　瀑

　　这里集山、水、瀑、洞、峰、林为一体,既有千姿百态的绚丽,也有如缎带般的飘然。

黄果树瀑布位于贵州省安顺市镇宁布依族苗族自治县县城西南,是亚洲第一大瀑布。瀑布高77.8米,宽101米,掩映在一片茂密的翠竹之中,犹如一条白色的缎带,由天而降,带着雄伟的气势,呼啸而来。无论你是慕名而来,还是随意而行,来到黄果树国家公园都能感受瀑布的气息。远远地,它怒吼的声音便冲击着耳膜,让你忍不住想去看个究竟。沿着公园中长满青苔的石阶而上,远远地便看见大瀑布挂在那里,水珠纷

❖清清的水流,是那飞瀑的另一种醉人表达。

溅，飞沫翻涌，如捣珠崩玉般地汹涌而下，其中烟雾腾空，气势非常雄伟。

而瀑布下一潭碧水，清澈见底，仿佛姑娘的眼，静静地望着你。然而，当水流从70多米的悬崖飞跌而下，直入深深的潭底，潭水也会怒腾翻升，水流喷溅的水花，如玉，如雪，如珍珠……美丽非常。如果丽日当空，在阳光折射下，瀑布会银光闪闪，一抹绚丽无比的彩虹斜挂在瀑布上，此时的瀑布，可谓是美妙绝伦。

黄果树瀑布最美是在雨后。当大雨初霁，云雾还未散去，缥缥纱纱地围绕在瀑布左右，瀑布两边油绿的翠竹随意轻摇，芭蕉花漫不经心地开着，此时，如果不是似台风呼啸、山洪决堤、万马奔腾般的怒吼声在提醒，游人很难想象自己身在人间。

或许黄果树瀑布真的是人间仙境，一如《西游记》中的花果山，所以才会有水帘洞。水帘洞在黄果树瀑布40米至47米的高度上，离观瀑亭并不远。这个隐藏在瀑布后的洞，全长有134米，其中有6个洞窗、5个洞厅、3股洞泉和6个通道。尽管水帘洞前有一帘飞瀑掩盖，但当你沿着一条小路，走到瀑布背面时，此水帘洞便呈现在你眼前。漫步于洞中，如同置身于云雾之中，身边流水潺潺，云雾缭绕，具有一种迷幻而朦胧的美丽。

蓦然回头，透过水帘洞小小的洞窗，黄果树瀑布近在咫尺，犹如一幅美丽的山水画，镶嵌在层次分明的画框之中……

黄果树瀑布

游览黄果树瀑布的最佳时间，应是每年的7、8月份，此时水量丰富，气势磅礴，而其他时间多为枯水期，瀑布缺乏磅礴的气势。另外，游览瀑布的时候，最好自带雨伞，否则会被淋湿。

❖飞涌的瀑布边的震撼，也许真可以说是振聋发聩。

梵净山
Mount Fanjing

奇　雄　俊　丽

在佛经故事中，传说有一方乐土，能够净化所有的灵魂，人们称之为"梵净之地"。而在贵州铜仁的深山中，竟然真的有一座梵净山……

梵净山地处武陵山脉的主峰，位于贵州省铜仁市，具有"武陵第一峰"的美誉。它巍峨雄伟，聚集了石、树、云、风的极致景观。在它500多平方千米的"净土"上，群峰耸峙，莽林幽壑，云海变幻，气象万千。梵净山又是一座充满神秘色彩而又雄奇伟岸的山峰，早在明代以前，便被开辟成了古佛道场，因此，它的名字和故事一直在南国久久流传。

梵净山的山体核心有三大顶峰，分别是老金顶、新金顶、凤凰山，其中凤凰山最高，海拔为2570米。但梵净山最美的地方，却在老金顶。站在山顶之上，极目远眺，武陵山脉雄奇俊秀的面貌一览无余，其间白云缥缈，浓密处犹如堆积的新絮，

❖梵净山奇异的石头组合。若然人工，或许还不能如此大胆。

❀梵净山沐浴在日出
晨光中。

稀薄处犹如西施浣洗的轻纱，在山风中"飘曳"。

　　峰回路转，沿着老金顶上的石阶向南，一条如牛尾般细长的小河便横在眼前。在这条小河的源头处，耸立着一座海拔1748.2米、如剑劈斧砍的石山，远远望去，俨然一巨人正在仰望，相传此石为太子所化，故称"太子石"。传说，明朝万历年间一位皇妃一心向佛，来此山修行。正当皇妃修身成功、即将成佛的时候，她的儿子小皇子却因思念母亲，悄悄溜出皇宫，历经艰难险阻到达这里。佛祖担心皇子阻碍母亲成佛，便用定身法，将小皇子定在了牛尾河谷里，并在他头顶上栽了一棵菩提树。菩提是梵净山的镇山之宝，片片叶上都有一尊佛祖像，小皇子便不再长高，天长日久，便化为石……此情此景，谁能不为小皇子的遭遇而叹息呢？或许就连金顶上的"飞仙桥"亦在感慨吧，成佛成仙和母子团圆到底哪个才是解脱，才是真正的获得幸福呢？没有人能给出答案……

　　由于皇妃修行成佛，如今的梵净山上香烟缭绕，寺庙殿堂星罗棋布，释佛殿、弥勒殿前每日来拜佛的人络绎不绝，或许这也是人们的矛盾吧，一面希望脱离苦海，得到神佛庇佑，一面却有割舍不断的亲情。然而，也正是因为人生有了这样的牵挂与矛盾，成就了人生的一种丰富多彩的境界吧……

广西

Guangxi · 绚烂迷蒙

绚烂多彩的民俗风情、刘三姐的美丽传说，以及秀美怡人的自然风景，完美地向人们展现了广西的风情。

漓江 *Lijiang River* »

烟　雨　迷　梦

　　百里漓江更像是一幅典型的中国水墨画，一点点，一滴滴，晕染在洁白的宣纸上，有着几分清晰，几分朦胧……

漓江就像一个如诗般的梦境："小小竹排江中游，巍巍青山两岸走，雄鹰展翅飞，哪怕风雨骤……"而漓江就像这样的一首歌，在静静的流水中，激起人奋斗的雄心。

　　立于漓江边，伸手抚摸那些滚圆的石头，看着漓江中那晃动着的水影，像是在向远方的人诉说着褪去光芒的质朴。原来漓江也渴望被亲近，一如来这里的人。

　　撑着一张小筏，行游于漓江之上，看着那清澈见底的漓江水，忍不住想：要是生在漓江，活在漓江，那该有多好！心还在追寻那一丝丝的可能，却见前方山间一条小路，通往了桃花吐艳、绿竹滴翠的桃源村。无奈峭壁插江，像刀劈斧砍一般矗立在江岸，隔断了那条繁花绚烂的小路。然而，人们撑小筏悠悠而渡，转过那座悬崖，便到了那个桃花盛开的世外之地。漓江真是一个如诗般的梦境吧，所以就连这样的峰回路转，

❖小小竹排行水上，这种感觉才是游人到此最想体验的。

也有着一个充满诗意的名字——半边渡。

　　走过桃源，小竹筏慢慢划过杨堤飞瀑、二郎峡，迎面便是百里画廊。在巨大的峭壁上，一条条不同颜色的石纹纵横交错，形成了一幅幅神秘的图画。细细看来，仿佛是一匹匹正在奔腾的骏马，或扬蹄飞奔，或昂首嘶鸣……这就是传说中的"九马画山"。古时相传，如果在短时间内看出壁上有9匹马，今后定能成为状元郎；如果能看出5匹，就可成为秀才。这个传说，让很多望子成龙的父母，以及渴望学业有成的年轻人慕名而来。

　　渡过画壁，小竹筏悠悠荡进了黄布滩。这里的水底有一块米黄色的大石板，黄步滩因此而得名。岸上青翠的山峰、翠绿的山竹，以及这片小筏和筏上的人，全都倒映在此处碧绿的江水之上，勾画出一幅绝美的画面。

　　这就是漓江，一个拥有神奇魔力的地方，无论谁走进了这里，都会自然地融于其中，成为"装饰了别人梦"的风景。

❀ 悠悠桂林漓江山水，永远如诗如画。

漓江鱼

　　漓江水美，长年清澈见底，而养育的漓江鱼也以肥、嫩、鲜、滑著称，很多人到这里都想尝尝酸辣漓江鱼的味道。但近些年来，大量违法捕获漓江鱼，使得漓江的生态受到了极大的破坏，漓江鱼也大大减产，而一些人仍然在大量违法捕获漓江鱼，甚至不惜使用灭绝性捕鱼方式。因此，到漓江的人，尽量不要再吃漓江鱼。只有保护好漓江的环境，漓江才能给人们一个优美的梦境。

桂林山水甲天下

提到桂林，很多时候想起的便是桂林的山水。还记得儿时学过的《桂林山水歌》，歌中唱道："云中的神呵，雾中的仙，神姿仙态桂林的山！情一样深呵，梦一样美，如情似梦漓江的水！"其实，离了漓江，桂林依然有着独有的美丽。

桂林是梦幻的，走进这里，就像走进了连绵不断的画卷；桂林是温柔的，云雾缭绕中，山水相映成趣。桂林就像一幅长长的山水画，画中有俊秀的山峰，清澈的河水，隐约的小镇，还有如链似带的梯田，处处透出一股灵动的气息。

阳朔在桂林市郊大约60千米处，有着别样的风情。一踏进阳朔的土地，便能看见山水的精彩。清幽的乡间小路，嫩绿的草木混着金黄的油菜，粉红的桃花散发着淡淡的香气，偶尔在远处冒出两三间围有栅栏的茅草屋，给人一种逃脱于世外、值得静静回味的感觉。

在阳朔，最能体会静水深流的便是遇龙河了。它安静而悠长，是漂流的最好地方。在这里，你可以体会到阳朔另一种风味，也可以体会到河水的另一种快乐。坐上一张竹筏，随着任意的流水漂流，绿油油的稻田、嶙峋的山丘、星罗棋布的房屋、岸上窜来窜去的小狗，美得让人心生爱意……河道宽宽窄窄、急势缓势，耳边传来人们的惊叹声……恍恍惚惚中，回头望去：蓝天白云，青山碧水，茅舍农家，如此美妙，如此惬意，如果能跟心爱的人在这美景中穿行一次，生命便有了新的意义……

在桂林乡郊的平乡，有一片非常大的梯田，那里如链似带，任由绿油油的蔬菜、黑黝黝的坝埂从山脚盘绕到山顶。那些由黑黑细细的田埂围绕起来的梯田，如螺似塔般层层叠叠地坐落在那里，高低错落。而那黑黑细细的田埂，则如仙女遗落的飘带，如行云流水般潇洒柔畅。据说这片梯田，从元朝时期就开始建了，直到清代初期才完工，距今已有650多年的历史了。或许当时开山造田的祖先们也没有想到，当年生命的保障——梯田，如今竟变成了如此妩媚潇洒的曲线世界。在漫长的岁月中，很多东西都被无声无息地改变了。

桂林的山水总有一种说不出的情绪，或许只有"群峰倒影山浮水，无山无水不入神"，才是对桂林山水最准确的评价。

桂林之山，独具特色，使人一望便知。

▲ 桂林溶洞

　　大自然神奇地造就了溶洞，为山水桂林又增
添了许多妩媚的气质。

大圩 *Daxu* ▶▶

千　　　年　　　古　　　镇

　　踏着古朴的青石板，走过陈旧的石拱桥和古色古香的街道，一股历史与现实交错的气息迎面而来。或许再也没有一个古镇，能够像大圩一样，把昔日的辉煌与优美的景色如此美丽地交织。

　　大圩是地地道道的千年古镇，传说是从秦始皇开灵渠，使湘漓连接之后逐渐繁荣的。

　　曾经战火纷飞，大圩经历了难以言语的苦难，而今，它散发出一种幽静古朴的韵味来。

　　大圩的老房子是历史最好的见证，那些青砖青瓦的两层小楼，与漓江旁的老街——老圩街、地灵街、鼓楼街、泗瀛街……交相辉映，形成了一幅难得的江南水墨画。

　　除了老房子，大圩还有一道亮丽的风景线，那便是古东村蝴蝶山麓的八瀑九潭瀑布群了。那里的瀑布虽然不大，却是别有一番风情。两岸林木葱郁，鸟语花香，伴随着潺潺的流水声，令人不禁要感叹——只有蓬莱仙境才能有这样的美景吧！

❖大圩熊村水塘

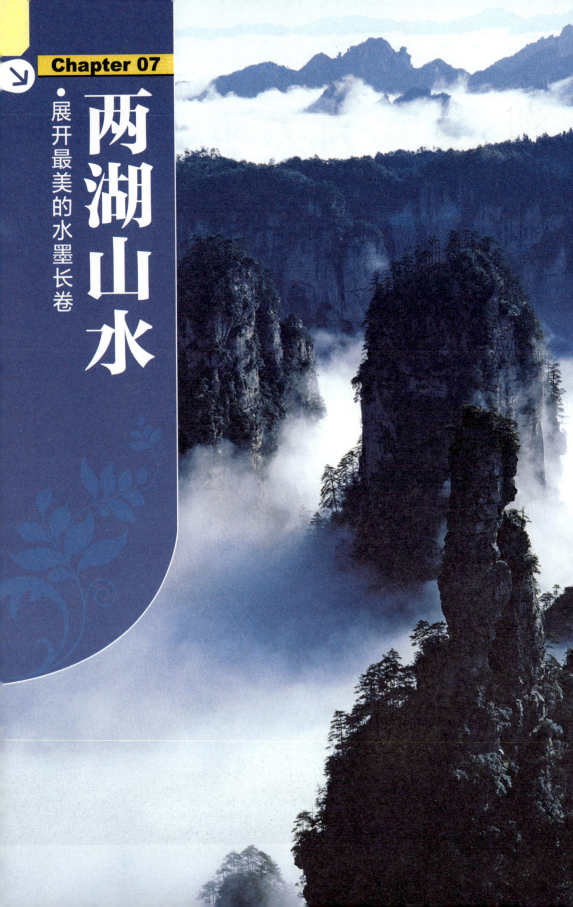

两湖山水

· 展开最美的水墨长卷

湖北

Hubei · 亘古及今

历史从不以晦涩的姿态出现，所以神农架的"野人"便拥有了最大限度的自由；历史从不忘却悲戚，所以便有了"白云千载空悠悠"的慨叹；历史从没忘记江湖，所以武当山上的儒雅少年才会频频张望，等待着结一段道缘……

神农架

Shennongjia »

诡 异 的 美 丽

这里是一片特别的地域，充满了未知与神奇。在踏入的瞬间，你也许恨不能就此隐居于此，成为那群中的一员。

这里有山，有"野人"，有奇珍异果，有数不尽的生灵。层峦叠嶂间，丛林密织间，自然幻化成一顶硕大的保护伞——"神农架"。

放眼望去，神农架那通透着翠绿的美，让人身心陶醉。在这里，有数不尽的高山峡谷，更有被誉为"华中第一峰"的神农顶，其中有原始森林、千年老杉。

神农架是人间天堂，或是班得瑞乐曲中的"仙境"。不用寻其芳踪，芳踪自来，不用窥起本源，本源自现。雨后的神农架，更是显出无尽的妩媚。一座座山

❀图片也许不足以展现神农架的美，因为那里仍然是一块充满野性与未知的地方。

❀ 神农架有许多神奇和美丽的所在。

峦，云雾缭绕其间，隐约中看到山峰的面庞，却不敢确定视角中的是不是真切的山。暂且把这云雾当成仙气，暂且将自己想象为羽化而登仙。晴空过后，碧空如洗，空中彩虹高挂，神农架显出愈加迷人的美丽。那斑斓的色彩摄人心魄，淡淡的云雾与彩虹的嬉戏中，更显出一份难得的轻松。

秋天是收获的季节，也是神农架采摘"圣果"的季节。那本是大自然的收获，无论是森林还是溪流，无论是动物还是植物。漫山遍野的果实让动物们储备过冬，飞禽走兽生怕错过每一场盛宴。一片金黄中，成片的山峦都浸染成统一的色泽，整齐得让人折服，美丽得让人赞叹。

接着便是皑皑白雪的冬季。神农架之所以美丽，不仅因为那一份宁静，更因为寒冷中那一片白色的耀眼光芒。冬日的神农架，是冰雕玉砌的世界，且充满了无尽的自然与美丽。这个时候，玉树琼枝分外撩人，不见了溪流的潺潺，不见了动物的咆哮，却依稀能感受到那冰层下搏动的生命，听到那洞穴中慵懒的鼾声……

武当山

Mount Wudang »

胜　　境　　仙　　山

一直以来，在金庸大师笔下，武当派的英俊逍遥让人们心生向往。而承载着这份向往的武当山，更因其独有的奇特与险峻，声震八方。

武当山位于湖北省西北部，是著名的道教圣地。它"方圆八百里"，东接襄樊，西靠十堰，依着一片原始森林，伴着人工淡水湖。

"亘古无双胜境，天下第一仙山"，人们对于武当山有着颇高的评价。著名的仙山福地，除了厚重的地气，更有着特殊的地理环境及天然优势。高险中透出挺拔巍然，幽深中流出溪水潺潺。那磅礴的气势，犹如飞龙在天；那娇羞的美丽，犹如仙女下凡。

太子坡，作为武当山的第一个景点，注定因其别样的气

❖ 游客在武当山，总能感觉到有股侠气，也许是因为读金庸的小说的缘故。

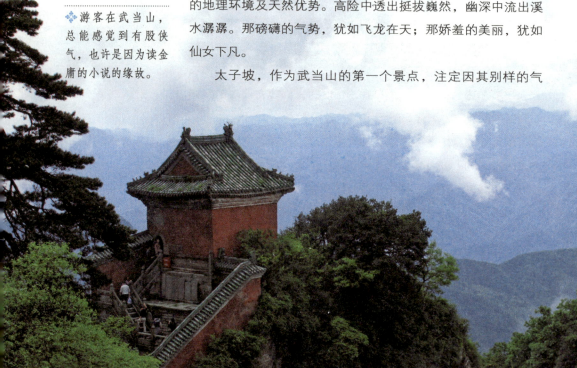

势而深入人心。这里又称为"复真观",是武当山主要的山道之一。相传,静乐国的太子15岁便入山修道,住在这里。5层楼高的建筑,巍然挺拔,1根木头支起12根横梁,是中国建筑史中的绝笔。

如果直奔主题,便是去往天柱峰的金殿。一路上,水声潺潺,鸟声幽幽,所见之处,皆是繁茂的景色,让人不由得神清气爽。

武当山的金殿又叫作"金顶",位于主峰天柱峰之顶,建于明永乐十四年(1416)。它是中国现存的最大铜铸建筑物。整个金殿异常开阔,面阔进深各三间。整个金殿为仿木构建筑,使用的是铜铸鎏金。放眼望去,重檐叠脊中显出气势恢宏,翼角飞翘是炫耀无限神采。不知该用怎样的语言来形容这金碧辉煌的殿堂,那精细的建筑工艺让人喟叹,就连周围环绕的石雕栏杆都显出几分技艺的精湛。

在金殿内,神像、供器同为铜铸。真武帝君供奉在正中央,尽显魁梧雄姿。这是武当山上现存的最唯美、最细腻的一尊真武神像,人们纷至沓来,最主要的原因就是为了一睹神像的容颜。

来到武当山,晨观日出,暮阅云海,人生最快乐的事情,也不过如此。武当,这名字犹如少年心中一粒种子,在湿润的空气中便能穿透岩石,生根发芽;武当山,这刚毅与壮美结合得天衣无缝的名山,登顶一次,便永世难忘。

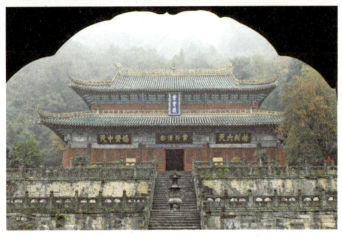

上:如果说武当的山水是一种传奇,那么它古老的建筑艺术也很值得一书。

下:武当山紫霄殿

黄鹤楼
Yellow Crane Towerg

千　　载　　空　　幽

故人西辞黄鹤楼，烟花三月下扬州。孤帆远影碧空尽，唯见长江天际流。

——李白《黄鹤楼送孟浩然之广陵》

江南三大名楼中，除了湖南的岳阳楼、江西的滕王阁，便是巍峨耸立在武汉市的黄鹤楼。一直以来，它被后世推崇为"天下绝景"。相传本是为了军事而建，在时光长河的涤荡中，这里逐渐成了文人墨客的必游之地，引得他们留下多首脍炙人口的诗篇。

传说中的黄鹤楼，据《极恩录》的记载，本来是辛氏开的酒店。一个道士为了感激她的千杯恩德，遂在临行之际提笔而画，在墙壁上绘了一只鹤，说这鹤能够翩翩起舞，让食客兴致勃勃。从此酒店生意兴隆，一下便过去10年。一天，道士再次来到这里，笛子吹响的刹那，道士跨上黄鹤飞天而去。辛氏为了纪念道士，便将这里取名为"黄鹤楼"。

黄鹤楼景区中，穿过古乐宫后，拾级而上，到处是一片片葱茏的绿。呼吸着清新的空气，人们遥望着频频出现于梦境中的黄鹤楼。

"月色无玷，江流有声"，在白云阁内的柱子上，八字映出，似乎古人在此望月，才留下这样的感慨。前行的途中，黄鹤楼的尊容逐渐浮出水面，那朦胧的轮廓，却难掩巍峨之气，夕阳下，美得一塌糊涂。

一楼的牌匾上，"帘卷乾坤"4个大字先声夺人。走进黄鹤楼内，不禁被那副对联所深深吸引："爽气西来，云雾扫开

武汉三镇

武昌、汉阳、汉口被并成为"武汉三镇"。东汉末三国初，孙权为了与刘备夺荆州，便把都城从建业迁至鄂县，并更名为"武昌"。汉阳的来历源自古语中"水北为阳，山南为阳"，因为当时汉阳在汉江的北边，龟山的南边。而汉口，直到明代汉水改道，才独立发展起来。

天地憾；大江东去，波涛洗净古今愁。"一番怆然，一番思古，掩面而思，这样的对子着实让人感慨万千。二楼楼内，字画对联佳作被展列其间。继续向上，四楼大厅的四壁挂着当代名家的作品，除此以外还有配备完善的文房四宝，为的是供游人抒发感情。

　　站在黄鹤楼的长廊信步而游，感受远处长江大桥的气势凌人，却猛然发现那气势中的凌人之气不过是外在，是一种姿态，却不是内心的全部。

　　站在黄鹤楼之上，似乎是将视角重新打开，以旁观者的感官来体验视线中的一切，感性不再隐隐作祟。一阵悠然的轻风拂面，清醒之中，仿佛领悟到人生的真谛，对于历史的评价、对于人世的评论、对于自身的探索，上升到新的一阶。

　　夕阳中，回眸凝望黄鹤楼，心中的感受不知该从何说起。黄鹤楼在那团橘红色的点缀中变得柔和，深深触动人们的心弦。

　　"昔人已乘黄鹤去，此地空余黄鹤楼。黄鹤一去不复返，白云千载空悠悠……"难怪，墨客会留下如是慨叹。

❖今天的黄鹤楼不是当年崔颢时的黄鹤楼，因为它已几经翻新。

❖黄鹤楼近景

湖南

Hunan · 锦绣如卷

"湘"字中见水，见林，见美景，单是这一个秀气的字体，便能展开一幅水墨画卷。那画卷瞬间又幻化回整个湖南。寻踪而来的人，皆是一个个"醉翁"，游历之间，在意的是那山水中的一抹秀色。秀色醉人，人醉风景。

洞庭湖
Dongting Lake »

别　有　洞　天

在那一片秀色中，连水中的点点风帆都染上了芦苇的草香，整个湖面，绮丽无比……

天 地之间，洞庭湖秀美地横卧在那里。上有蓝天白云，下有芦苇相伴，轻风拂过，如同轻柔的吻轻轻拂过洞庭湖的面颊。

洞庭湖是中国第二大淡水湖，位于湖南之北，长江的南岸。自古以来，这里便以平坦的地势、肥沃的土壤养育着岸边的居民。有言道，"洞庭天下水"。的确，这里四季气候温和，更有充沛的雨水，于是沿岸那大片大片的稻米地、棉花田，便能成长为一大片独特风景。

在古代，洞庭湖有诸多名衔，"云梦泽"便是其中之一。"气蒸云梦泽，波撼岳阳楼"，是孟浩然笔下的名句，是对于洞庭湖的描述。洞庭湖本由4个风景各异的湖泊相连而成，且有着"湖外有湖，湖中有山"之说法。

在清晨湿润的空气中驾起一叶小舟，乘舟湖面，感受那微风，眼看着风儿吹落晨露，将露水吹入洞庭湖水，那样细微的美丽，在人的心中激起一阵涟漪。

到了傍晚，鱼群纷纷跳出水面，鸥鹭潜翔时又是一番别样风景。渔歌响彻湖畔，橹声悠悠不息，一切的一切如梦如幻，此情此景，必然定格在记忆深处。

洞庭看景中，无数传奇故事浮出水面。浩渺如烟波的历史中，数不尽的故事藏在其间，所见之时，真实得如同面对面。

忧国忧民的屈原曾漫步湖边，留下千古华美诗句。千百年来，数不尽的文人墨客到此游历，不只是为了欣赏那份秀美，更是为了留下脍炙人口的诗篇。从此，洞庭湖便多了一份诗意的情怀。

因为有人，历史才能与洞庭相撞，人与自然才能完美地结合；因为有人，那轻轻划过的橹才能尽显悠然，尽显优雅与浪漫的风范。

这便是洞庭湖水，滨湖风光秀丽如画。水鸟翱翔中，百舸争流时，水天一色间，那雄伟壮观的姿态，就这样凝结成晶。

❧优雅的洞庭湖大桥在夕阳中显得沉默而多情。

张家界

奇　　幻　　峻　　秀

　　一片奇幻的峻秀中，大自然的鬼斧神工被发挥到极致。纵使千遍游历，仍不能挥去心头那片云雾缭绕……

处处青山中，张家界悄然伫立。在4810公顷的范围内，大小3000多座山峰，几乎都是异峰突兀、拔地而起。四周似刀劈斧砍一般，尖锥形、柱状体，千峰争奇，迷离的云雾和潮湿的空气扑面而来。

　　层层叠叠，郁郁葱葱，满眼都是拔地擎天、形态各异的"石笋"。张家界的四周都竖立着奇峰怪石，有的像迎面扑来的"巨礁"，有的像冲天跃起的"恶鲨"，有的像秦明手中的"狼牙棒"，有的像孙悟空索取的"定海神针"……时隐时现，扑朔迷离。

　　黄石寨是张家界美景最集中的地方，"天书宝匣""定海神针""南天一柱""金海探龟"等，都是天造地化的景点，不仅好看，还有很多美丽的传说，听着，看着……让人们似乎进入了神奇的神话世界。

　　在黄石寨的摘星台，似乎真的可以伸手摘到天上的星星，伸出手臂，脑中浮出诗句——"不敢高声语，恐惊天上人"。静静地站在摘星台上，闭上眼睛许个愿，感受心中的那种静谧，似乎真的就这样进入梦游的世界。

　　金鞭溪，是来张家界另一处必去的地方，因位于金鞭岩下而得名。金鞭岩是一座山峰，从山脚到岩顶，像刀劈出来的一般，由很多石柱样的山峰组成，其中一根石柱高悬如同一条耸立的金鞭，直冲云霄，据说这是秦始皇扔到这里的鞭子，非常壮观，满是阳刚之气。金鞭岩紧靠一座酷似雄鹰的巨峰，雄鹰

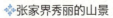

❖张家界秀丽的山景

凌空展翅，构成了"神鹰护金鞭"的神奇景色。

金鞭岩下，有一条美丽狭长的溪流，这就是金鞭溪。金鞭溪常年碧水长流不断，溪边林荫路弯弯曲曲沿溪而进，两岸山峰林立，溪水清澈见底，溪中各色卵石，在水中闪亮。溪旁的树林和草丛，构成了一个悠闲的游览去处。

到张家界，一定不能错过的景致便是夫妻岩。传说，土家山寨有一对勤劳的夫妻，他们相亲相爱，终年在一起植树育林，造福世人。山妖嫉妒他们和睦恩爱，便施魔法把他俩分开。丈夫被打入黄龙洞水牢，妻子被投进锅场火炉。玉帝心生怜悯，便将二人点化在金鞭溪源头，使其化作夫妻岩，作为天下夫妻的榜样。

遥望两座巨大山峰，外形酷似一对夫妻，头挨着头，身靠着身，头发、鼻子、眼睛、嘴唇栩栩如生，就连眉毛和牙齿都能看得清清楚楚，男的英俊潇洒，女的眉清目秀。相传，但凡拜过夫妻岩，爱情都会得到庇护。

张家界，谁能想到，一片山石林立间，竟有如此的温柔？这奇幻俊秀的地域，似乎得了苍天的特别恩宠，让人们在游历之时，不断慨叹，不停流连。即使在离去之后，依然在口中念念，在午夜梦回时，混淆了当下与曾经，再次迷蒙在它的美丽中……

❀去了张家界，就绝不会后悔，因为这里的山川的确引人入胜。

土家族祭祀

土家人祭土地神，是为了祈求来年五谷丰登、六畜兴旺，同时也祈求村人平安、驱除邪恶。对于祭祀，土家人十分虔诚，在不大的地区中，每村都有至少一座土地庙，有的用大理石搭建，也有的用粗毛板搭建，搭建目的都是为了祈祷。

凤凰古城

Ancient Town of Fenghuang ▶▶

秀　　美　　如　　卷

沈从文的笔下，凤凰这个美丽的地方就如同书中的主人公翠翠，处处透露出天真与神秘。

❀沱江两岸，凤凰人自由自在地生活。

据说世界上，有两个灾难深重却又顽强不屈的种族，他们的历史，几乎是由战争与迁徙来谱写的，那就是中国的苗族人和分散在世界各地的犹太人。聪明的苗族人，在凤凰扎下根，每日望着江中叠翠的南华山麓倒影，听着山间的暮鼓晨钟齐鸣，过着简直是神仙般的日子。而凤凰这块山水灵地，也孕育着世世代代的苗族人。

沱江是凤凰的灵，它静静地将凤凰两岸的民居分开，碧绿的江水蜿蜒而去，沿着吊脚楼，流向虹桥。虹桥一如其名，犹如一弯长虹横跨在沱江之上。虹桥建于明洪武时期，是凤凰现存最大的古桥，如今它也是凤凰最为繁华的地方。

在虹桥右侧百米之处，耸立着一座古意盎然的城楼，俗称"北门城楼"。如今这里熙熙攘攘，到处是摆着小摊的凤凰人，叫卖着凤凰的特产。沱江水，夹杂着各种各样的、带着浓浓湘音的叫卖声，让

你切切实实感到，凤凰是一个烟火小镇。

凤凰建筑中，最有风情的便是沱江边的吊脚楼。凤凰的吊脚楼有两种形式，一种是依山而建的；另一种就是依偎着沱江的临江吊脚楼。其中，临江吊脚楼最有风情，清澈的江水在脚下流过，青如罗带，给人一种奇妙而神奇的感觉。

近树掩映着远山，捶衣声响彻石桥，水车沉寂了几十年，小舟过处，粼波轻轻浅浅……生活在这里的人，童年在河水里嬉戏，老了在河边晒太阳，河水便串起了一生的记忆……

🍀根根木柱撑起一栋栋小巧玲珑的房子，房中甜蜜温暖的苗家女子，让人感受到的又是另一种风情。

德夯

Dehang ▶▶

别　　样　　风　　情

　　这里四季如春，气候宜人。如果可以选择，希望来世成为那娇柔美丽的苗家女，在一片秀丽迷人的风光中，唱起山歌，穿梭在吊脚楼间。

　　苗寨德夯，作为湖南最别致的一处风景，因其独特吸引了太多游客的目光。筒车、古渡，在绝壁高耸的山脚下怡然自得地"生长"，每每触及，皆有一种"采菊东篱下，悠然见南山"的清幽。

　　在苗语中，"德夯"的意思是"美丽的峡谷"。作为中国地道的田园风情建筑物，吊脚楼的美丽总是让人欲罢不能。游人可泛起小舟，在犹如原始森林般的秀丽中荡漾。

　　美丽的苗族服饰，嘹亮的情歌为媒，苗族，一直以来遵循着自己独特的生活方式。种田或是养蚕，纺纱或是织布，当他们穿着自己编织的工艺品穿梭于一片葱茏之中，那巧夺天工的技艺连大自然都佩服得五体投地。

❖穿着传统服装的苗族女子。

　　古老纯朴的民俗风情吸引了四方来客。来苗家做客，住一住吊脚楼，或是拦门对歌，再或是赏赏苗族鼓舞，抑或是灯火送客，每个项目都洋溢着浓浓的热情。细腻的流水，湛蓝的湖泊，憨直善良的苗族风俗，轻歌曼舞中，德夯就这样走入人们的记忆深处……

Chapter 08

烟波江南

与时光一起，在此终老

江苏

Jiangsu · 吴越余韵

春天的江南，风是轻轻的，云是淡淡的，街前的杨柳依依，房后的油菜花灿烂。在这个时候来江苏，看花赏柳，渡船过桥，纵使不是故人，在桥上擦肩而过，也能萌生一种回眸一笑的情怀。春天的江苏，充满了故事……

太湖
Tai Lake ►►

尘　世　情　怀

吴越之地，自古多情。比如范蠡那为爱舍身、抛却名利、与心爱的人泛舟于湖的情怀，让太湖的水一刹那也变得幽邃起来……

太湖北临江苏南部的无锡市，南接浙江湖州，面积达2250平方千米，是中国的第三大淡水湖，而且此湖中山水尽多。黄山有72山峰，但它原本就是山，便算不上惊人；而太湖中的72峰却让你不得不惊奇。或许太湖的72峰没有黄山的奇绝，也没有黄山山峰挺拔、高大，但它们或山水交融、百态千姿；或碧草繁花，掩映着小桥流水人家；或清纯瑰丽，诉说着天下奇异；或端庄典雅，透着浓浓的诗情，构成了山外有山、湖中有湖的天然图画。

行走于太湖鼋头渚，别有一番情味。青山绿水中，长春桥、澄澜堂、飞云阁点缀其间，古旧的廊檐旁，百花盛开，杨柳依依。

太湖的美，还在夕照。在万顷的柔波之上，一轮血红的残阳，徐徐在地平线上落下，天地间瞬时仿佛绚烂起来，那些金黄色的光，柔和地附在桥、廊、湖面上，那样雄奇，却又那样瑰丽，让人不禁心生

太湖泛舟

敬畏。湖上的日落如此迷人，便想湖上的月景也是可爱的吧。遥想当年范蠡、西施月夜泛舟于此，亦能感受那"如此烟波如此夜，居然著我一扁舟"的情景吧。

✿太湖夕照，渔帆点点，韵味悠悠。

观过太湖的美景，大吃一顿是必不可少的，寻一家湖边小店，吃上一顿真正的船菜，一次旅行便圆满了。太湖盛产"三白"，即银鱼、白虾、白鱼，其中最有名的便是太湖白虾了。传说此虾虾壳极薄，通体透明，晶莹如玉，即使煮熟后也呈现罕有的洁白，吃到口中细嫩异常，鲜美无比。

太湖就是如此一个美丽的地方，虽然它没有西湖的精致、优雅，却有着独有的魅力。无论是茫茫的湖水，还是甜美的船菜，都容易让人想起一种悠闲的生活。抛却繁忙的工作，与心爱的人，泛舟于湖上，相携看鼋头精雅、夕阳坠波……世间还有比这更美的事吗？

太湖珍珠

太湖除了湖美，水美，人美，船菜美，还有珍珠美。太湖地区盛产人工淡水珍珠，据说颗颗晶莹滚圆，色泽纯净，在国际上享有"太湖珍珠天下第一"的美誉。清代的慈禧太后也曾赞誉道："东球南珠，不如太湖淡水珍珠。"可见其珍珠之好。如果你有时间去太湖，不妨也看看珍珠吧。

❖著名的拙政园一角

苏州园林
The Classical Gardens Of Suzhou

古　今　芳　华　意

苏州，幽幽古镇的老街，郁郁葱葱的香樟，白墙黛瓦的平凡小居，散发着悠悠的韵味，更别提雕梁画栋的致巧园林……

都说"江南园林甲天下，苏州园林甲江南"，如果真到苏州，见识了这里的园林，才知道什么叫作精致幽雅。如果说北京的园林透着的是一股宏大、严整、堂皇的气息，那么苏州的园林则是小巧、精致、自由的集合体。

或许是苏州小桥流水的生活太过柔情，使苏州园林到处弥漫着一种诗意。无论是亭台轩榭的布局、假山池沼的配合，还是花草树木的映衬、近景远景的层次，不论站在哪个点上，都有着"如在画图中"的实感。

苏州的园林大多建于明清时期，繁盛时曾有200余处，如今保存尚好的有60余处，其中以拙政园、留园、网师园和环秀山庄为杰出代表。拙政园这座明代园林，为明代弘治进士、御史王献臣弃官回乡后，在唐代陆龟蒙宅地和元代大弘寺旧址处拓建而成。在这里，无论你是凭栏倚望，还是开窗遐想，拙政园展现在你面前的，都是一幅幅如诗如幻的"国画"。即使是离园有好几里的宝塔，也能被设计者借入园中，让观望它的人产生"庭院深深，深几许"的错觉。

留园坐落在苏州阊门外，是苏州园林中景致分布比较密集的园

❖拙政园内，亭台水榭，对于现代人来说，当然显得优雅异常。

林，不仅如此，据说留园中布局的巧妙，为诸园所莫及。这里假山池沼相映，亭台轩榭回转，其间花草树木点缀，虽有移步换景之妙，但少了曾经的那份淡然。

如果说拙政园和留园还带着大家园林的气派，那么网师园就是苏州园林小巧、精致的典范。这座隐藏在苏州药门带城桥南阔家头巷中的小院，是水的天下，主人曾为其取名曰"渔隐"，后称为"网师园"。网师园以石分区，以水为中心，主园中全用黄石，而其他庭院用湖石，不相混杂。漫步于回环的廊庑之下，看着山水错落、环池亭阁的瞬时美景，生出一种诗意来。据说，来网师园看最美的风景，不是穿行于其中，而是寻一处幽静的角落，或坐，或站，片刻之后，花影移墙，峰峦当窗，风景与你刚刚所看到的便大不相同。这亦是网师园中风景之一奇吧。

其实，苏州是一个处处散发着灵气与古朴气息的城市，行走于各园林之中，典雅、古朴之气扑面而来，仿佛一首精巧而韵味十足的小诗，等你细细品味……

❀假山、碧水、阁榭，苏州园林自有一段江南的雅丽温婉。

扬州
Yangzhou ≫

烟 雨 蒙 蒙

印象中，扬州是一个飘满脂粉气的小城。这里的脂粉气，吸引了无数风雅的文人骚客不远千里而来，并在此留下了流传千古的诗词歌赋。而儿女情长也成就了一段段名闻古今的佳话。

❖ 五亭桥边鲜花盛开，杨柳依依。

对许多人来说，扬州就像一个梦，一个被唐诗宋词浸染得无比曼妙的梦，一个被许多传说逸闻渲染得如痴如醉的梦。"烟花三月下扬州"，迷蒙的烟雨，撑着油布花伞的玲珑女子，美丽、安静的湖水构成了扬州的风景画。一首《扬州慢》曾道尽了扬州的烟雨，而仙女庙里上错花轿的扬州女子，依然向世人诉说着扬州的传奇。

这个曾经叫"广陵"的地方，自古就笼罩在风流才子、浪漫佳人的光环下，与人们保持着若即若离的距离。然而走进它，你才发现它是一个小小的、温馨可爱的城市，在古朴的风韵中，散发着一种漫不经心的韵味。田间山野中，是连绵不断的金灿灿的油菜田；城市的大街小巷里，没有鳞次栉比的高楼大厦，满眼所见的皆是看似古老的建筑。扬州如初夏时待放的一朵莲花，摇曳着别样的神韵。

扬州的美离不开瘦西湖。后清代钱塘诗人汪沆有一首："垂杨不断接残芜，雁齿虹桥俨画图。也是销金一锅子，故应唤作瘦西湖。"瘦西湖由此得名，并蜚声中外。

风晨月夕，瘦西湖在山水环抱、绿树连荫之中，就似一条飞舞的彩绸环绕在"半点金山"周围。两岸林木扶疏，杨柳依依，间或点缀着楼台亭阁，清爽怡人。月夜，乘着舟儿缓缓地划开细浪，在湖中飘然而行，站立舟头，远眺湖光，只见烟雨朦胧中隐现着小金山的红墙绿瓦。耳边时而传来似有似无的扬州小调，迂回曲折间不停地撩拨着心绪，让人如痴如醉又回味无穷。岸边柳丝在朦胧中低低私语，难道是与鱼儿感叹这四月烟雨的美丽？

游扬州，三分看景，三分读史，三分吟诗，如果你还有一分心情，就留给扬州的小巷吧。这里的小巷不单单是小巷，小巷里还承载着一段段历史、一桩桩韵事，其中纵横交错的巷道，回环曲折，明明看似已经走到了尽头，不料行到近前，却又柳暗花明。扬州的小巷是庞杂的，闲行于这里，不必有什么目的地，只需信步向前。偶尔路遇一口古井，看着井沿上留下的岁月痕迹，不禁怀疑，时间已经凝固了。

扬州是一个传奇的地方，当你在小巷中穿行的时候，或许还会遇见一位美丽的女子，袅袅娜娜地迎面走来，那缀着蓝花的连衣裙，带着淡淡的香气，在狭窄的小巷中侧身而过，留下了一袭似有似无的馨香，也留下了一丝若隐若现的念想……

✿瘦西湖，人们在这里悠闲垂钓。

大明寺

大明寺地处古城扬州城北蜀岗，依山面水，历史悠久。始建于南朝宋孝武帝刘骏大明年间，又称"栖灵寺""西寺"。此寺曾在唐、宋年间毁于大火，后复建。乾隆皇帝时，曾敕名为"法净寺"。1980年，鉴真大师的塑像从日本"回国探亲"后，复原名"大明寺"。

水乡的小镇

很向往江南的水乡小镇，没有理由，单是想象坐着乌篷船悠悠地穿过小桥，便令人兴奋半天。久居江南的人或许早已习惯了，如水墨重染般的乡村画景，早已失去了新鲜的意味，但他们却知道，那看似平凡而普通的小镇，就是有一种特别的味道，吸引着，召唤着……

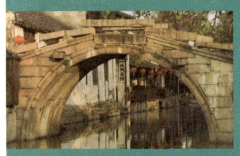

▲ 周庄小桥

江苏的小镇，周庄、同里……一如"江苏"这个名字，带给了人们一种温婉而宁静的气息。还记得《似水流年》中，那扇厚重而乌黑的大门，推开后便走进了另一个世界，那里满是书香，尘封的繁华与静寂。江苏的小镇，就像隐藏在那扇大门后的书房，偶尔透出些许光亮，让你忍不住前去窥望。周庄像许多江南的小镇一样，坐着船才能体会到那里的味道。坐上一条乌篷船，轻轻地摇起船上的小桨，随船徜徉在周庄的大街小巷，不禁发出幸福的感叹。

同里离周庄不远，与周庄一样有着江南小镇的风韵。如果说周庄

在水乡，水是永远也少不了的。它才是小镇的眼、小镇的灵秀所在。
▲ 水乡小镇的亭台屋宇

有着苍老的样貌，那么同里就显得亮堂多了，她是那种能让人产生长久驻留想法的地方。同里的水虽没有周庄的婀娜，但却多了一股悠长的韵味。划船而过，听着潺潺的水声，看着恍惚的水影，人会情不自禁地浸入其中。

同里镇中因水成街，家家临水，于是桥便成了连接街道和宅院的枢纽。同里的桥中，最著名的要数紧紧相邻的"三桥"了，它们小巧玲珑，端庄典雅，静静地道尽了同里的魅力。据说，住在同里的人，无论什么喜事，都要热热闹闹地把这三座小桥走一遍，算是对将来生活最美好的祝愿。在同里随便走走，便能看见那些特别的建筑，崇本堂、嘉荫堂、耕乐堂，一座座沉静而古朴。轻步踏入，一股浓郁的人文气息扑面而来，但你却又明白地知道，那样的气息，只有在这岁月悠悠的同里，才能散发出如此迷人的光彩。

这就是江南的小镇吧，散发着温婉的风韵，从未茫然过，每到历史关头，就会挺身而出，就连石桥边闲坐的老汉，都对人、事、物有着自己的评判。或许这也是江南小镇吸引人的原因……

▼ 亭台楼榭倒映在水中，也映出了江南水乡的风韵与诗意。

上海

Shanghai · 小资情怀

不知道是什么时候，很多人开始向往一种慵懒的小资生活，它也成为都市时尚男女的一种生活态度。说起小资，就自然地想起上海，似乎上海已经成为小资情调的一种表征。

夜上海
One Night in Shanghai

流　光　溢　彩

怀旧似乎已经成了上海的一种情绪，淡淡的，透着雨打梧桐时的哀伤。但当夜幕降临，这座繁忙而压抑的城市，便会释放出疯狂的风采。

白天的上海清新、安静，适合人修心养性；夜晚的上海却是繁华的、疯狂的、可以尽情放纵的。

外滩的夜景是上海最美丽的地方。在这里，你唯一能做的就是用心去感受它——外滩的夜色，像是情人明亮的眼睛，多情而迷离，又像海上刮起的微风，清纯而柔和，一瞬间，令人怦然心动。

夜晚漫步于淮海路绚烂的灯光下，路上依然是匆匆来往的人群，依然能听见南腔北调在这里的凝聚。远处的，近处的，所见之处都是明亮的灯火，红红绿绿，一如白日的生活。城中的人们早已习惯了这种夜晚的繁华与喧闹了吧，终

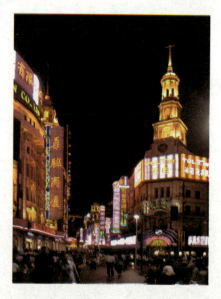

南京路步行街夜景

于可以放下白日的伪装与繁忙，在夜色的掩护下，奔向自己一直想去的地方。于是，马路边，广场上，还有那些掩映在灯光后的店铺、商场，便多了一群年轻的身影，伴着久违的爽朗的笑，填充着上海的夜色。

不管你是漫步于繁华的淮海路，看着周围来来往往的人群，低头怀念着平淡而充实的过去，还是躲于街角的酒吧，或品着爽口的啤酒，或随着年轻的韵律尽情舞蹈，夜晚的上海都能带给你一种疯狂的情绪。尽管时光荏苒，老上海的空气中，依然飘荡着那首经典的老歌：夜上海，夜上海，你是个不夜城……但当一切沉淀在时光中，心灵随着流动的车轮，换了一个新天地，或许夜上海又将呈现出另一番流光溢彩的景象吧。

❖坐落在黄浦江畔的东方明珠是上海的标志性建筑之一。

豫园

Yu Garden ➤➤

福　　禄　　玲　　珑

　　从古至今，人们对幸福、财禄的追求从没停息过。它们已经成了人们对生活的一种习惯、对周围人的一种期盼和祝愿，而豫园就是承载着这样美好祝愿的一个地方。

✿豫园湖心亭局部

豫园位于繁华热闹的上海老城厢东北隅，是一座闻名中外的私人园林。豫园的主人是潘允端，上海人，明代时的四川布政使。为了使家中的双亲生活得愉悦，便在上海故居建造起一座园林。本着儒家"豫悦双亲，颐养天年"的思想，为此园命名为"豫园"。

因为本着"福禄双全，颐养天年"的希望，所以豫园中亭、台、楼、阁，廊、檐、家具上，便都少不了"福""禄"的身影。那些代表"福"的蝙蝠或抱着圆润的寿桃，或展翅飞舞，好不热闹。而代表"禄"的仙兽鹿，在豫园的路上则随处可见。

豫园的景色也堪称一绝。豫园是明清园林的精华，其中廊檐回转，花草分割巧妙，具有一步一景的奇妙。其中最有特色的便是龙墙了。龙墙其实是豫园的围墙，因为分别雕着卧龙、穿云龙、双龙戏珠、睡龙，而且五龙形态各异、栩栩如生地蜿蜒于白墙之上，得名"龙墙"。或许曾经它一直是豫园显赫与富贵的象征吧，即便如今依然散发着雄霸一方的光彩。

来到豫园，不能不看玉玲珑，当然玉玲珑并不是一块玉，而是一块秀气玲珑的太湖石。此石高约3米，宽约1.5米，厚0.8米，是北宋徽宗年间的"花石纲"遗物。

相传玉玲珑刚刚搬进潘家时，潘家只知此石珍贵，并不知其贵在何处，打算随便摆在园中一角。然而建造园林的老石匠却知道此石的奥妙。一日潘家来园中查看，恰逢老石匠在石底放了一炉香，只见此石孔孔洞洞顿时香烟缭绕，烟雾密布四周；而后，老石匠又从石顶倒下一壶水，只见此石顿时孔孔泉流，烟雾尽消。至此，潘家人才知此石如此之奇妙。

如今，几百年过去了，玉玲珑依旧静静地立于豫园之中，但有多少人知道这段美妙而又有趣的故事呢？谁又曾想起它所经历的繁华与烟云呢？

豫园商业街

在豫园区，有一条商业街，汇集了全国各地的特色小吃。据说其中单是点心就有近50种式样，其中较有特点的有酒酿丸子、三丝眉毛酥、凤尾烧卖、如意糕、百果小方糕、八宝饭、鸽蛋圆子、开洋葱油面、重油酥饼等。

❖ 悠悠碧水中的豫园九曲桥。

浙江

Zhejiang · 繁华水乡

依河的老街，古朴的石板路，幽深的弄堂，凝重的台门，错落有致的翻轩骑楼，仿佛这就是对浙江水乡最直白的描述。而那些隐藏在骨子里，最悠闲、最富贵的气质，却怎么也无法被幽静的气质遮住。这就是浙江啊，这个古朴而宁静的地方，自有一种繁华。

普陀山

Mount Putuo ≫

第 一 人 间 清 净 地

这里佛音袅袅、海浪声声，在阳光的照耀下，周身仿佛被包围在一片温暖之中。

传 说，最早的普陀山只是一座普通的山，渔人经常来这里打鱼。唐时，有一位叫慧锷的日本高僧有感于五台山上观音灵验，便从五台山请了一座观音像乘船归国。不料，船行至普陀山的莲花洋时，遭遇了风浪。慧锷数次乘船前行，都无法如愿，于是相信观音不肯东渡，便将圣像留在了潮音洞侧供奉。据说，此地观音非常灵验，有求必应，因此佛香大盛。鼎盛时期，全山共有大寺3座，佛庵88间，僧侣4000余人，被称作"震旦第一佛国"。

登普陀，必经莲花洋。过莲花洋，赶上午潮，便能

❖普陀山现有最古老的建筑多为宝塔。

见到洋面波涛翻腾，状似千万朵莲花随风起伏，令人浮想联翩。当然如果遇到大风，这里波涛翻滚，则又是一番景象。

普陀的胜处，在于佛光普照之中，更在那众多的观音显圣的传说中。到了普陀山，向东南行约300米，便是短姑道头。滩上有大小不一、形状各异的岩石，出没于海潮之中，而传说这些大小不一的岩石，便是观音当年送食所遗留下的垫脚石。当年曾有姑嫂两人发愿礼佛，几年后稍有积蓄，便凑资买了一艘船来普陀还愿。谁知船刚停泊在道头时，小姑"天癸"来潮，自以为不洁，便不敢下船入山。嫂子无奈，只好嘱咐她在船中等候，独自怅然进山拜佛。正午时候，潮水大涨，船与岸相隔，小姑饿得浑身无力，一个村妇在向潮水中扔了数块石头后，踩着石头到船中来，给小姑送了午饭。后来，嫂子进香回来，向小姑说起，刚才拜佛时，瞻仰莲座，发现观音大士的衣裾湿了一片，不知道是什么原因。小姑很惊愕，便说起中午时嫂子托人给送饭的事，两人才恍然明白，原来是观音大士所为。于是，两人一起又进山到观音面前叩拜了一番。因为嫂子进香前，曾埋怨小姑没有缘分拜见菩萨，人们便将这个码头称作"短姑道头"，即揭小姑短处的意思。而传说中观音大士扔下的石块，也成了人们泊船时最好的码头。

"一切福田，不离方寸；从心而觅，感无不通"，或许这正是普陀令人幸福的原因吧。

普陀山的佛节

由于普陀山是观音菩萨的道场，所以与观音有关的三个日子，便是普陀举行盛大佛会的日子。这三个日子分别是农历的二月十九、六月十九、九月十九。二月十九为观音菩萨诞生日，会有佛诞会；六月十九为菩萨得道日，也有佛会；九月十九则是菩萨涅槃日，会举办香会节。

❖普陀山南海观音铜像

西湖 *West Lake*

动　情　　　　　传　说

江南就像一幅画，语言无法描绘她的美丽，只有用心去感受江南浓妆淡抹总相宜的风情。西湖的美景就像三月天，有着雨如油、柳如烟的感觉。而西湖自古就是一个充满柔情的地方，每每想来，总有一种说不出的感觉。

❖烟柳西湖，小船悠悠。这样的西湖，是人们想象中与梦想中的西湖。

杭州最美在西湖，朝阳半羞半怕似的从雷峰塔端露出笑脸，丝丝霞光为雾霭氤氲的断桥圆拱抹上了一片红唇。湖畔桂花淡淡的花香，湖面缭绕着的缥缈薄雾，拂面的微风和深情款款的柳条……都在向人们讲述着西子湖畔的美丽。在西湖的迷人风景里，有人在锻炼身体，有人在唱戏……让人在忍不住艳羡杭州人有个如此好的去处的同时，也在感叹着他们对于西湖的装点。

西湖之美，在于夜游，让人感受到的又是另一番景色。灯光点点，游船来往如织，西湖边的石阶上、长凳上，到处可见温婉的西湖女子和清秀的江南男子谈情、读书。在星光和灯光的映射下，游船往来，涟漪圈圈，凉风习习，女子和男子的影子缠绵而多情，渐渐分不清哪个是女子的影子，哪个又是男子的，或许本来他们就是那断桥上的精魂……

西湖美景众多，而最吸引人的莫过于断桥——那个传说中动情的地方。当年那个日夜寻找未来的女子，在断桥之上与许仙相会、相知，即使在他最不相信自己的时候，也艰难地选择在断桥上原谅他。如今，断桥静静地半倚在湖边，说它美，不如说它暗藏着很多情愫，就像是等待情郎的姑娘。长年挥之不去的雾霭，就像姑娘那双清澈又迷惘的眼睛。猜不透的是女儿的情思绵绵，她不经意的娇羞，总是会让人望痴了去。

断桥那端的白堤，满眼是桃红柳绿，带来了无限的美和感叹。那些树沿着断桥绵延伸向远方，一株嫣红，一株柳绿，放眼望去，犹如给白堤挂起了无数的珠串，伴着白堤慢慢地伸向天际间……迎风舞动腰肢的柳枝，青翠欲滴的嫩苗，欲说又止的情，欲拒还迎的舞，直令人陶醉在微风中，陶醉在这片美丽的景致中……

如果说西湖的桥是传说中最动人的背景，那么西湖的水就如最美丽的女子，为这个充满传说的神奇之地，增添了几分温婉。当夏季炎炎，那片温婉的水域中，不知不觉露出了尖尖的荷叶，几日过后，一望无际的绿绿的荷叶与那亭亭玉立的美丽荷花，布满了湖面。那时，无论你走到哪里，都能闻到满湖的荷香。乘一艘小船，穿行于绿荷红莲之间，望着前方古朴典雅的廊、轩、亭、阁，与满眼绿云、荷香相映成趣。和风徐来，荷香与酒香四处飘逸，令人不饮亦醉。

西湖就是一个令人微醉的地方啊。临西湖，就像是面对一女子，她虽然没有惊艳的容貌，却能让人过目不忘；面对西湖，又像是在口渴时，遇到一股清澈的山泉，温柔、平淡，却让人久久不能忘怀。

杭州的小吃

杭州的小吃，花式品种繁多，四季时鲜不同，便有不同的流行趋势。春季是各式春卷、鲜肉汤团、什锦八宝饭、清明的艾青团子的风行时期；炎炎夏日则是可品骨头粥、薄荷糕、水晶糕等各类粥品、糕点的大好机会；三秋湖蟹肥，各类蟹肉小吃的香味充斥着整个城市；寒冬腊月则食糯米麻糍、猪油玫瑰年糕。杭州最有名的小吃街在何坊街和舟山东路。

❈ 西湖以西的灵隐寺，在飞来峰和北高峰之间。

钱塘自古繁华 **杭州**

> 东南形胜，三吴都会，钱塘自古繁华。烟柳画桥，风帘翠幕，参差十万人家。云树绕堤沙，怒涛卷霜雪，天堑无涯。市列珠玑，户盈罗绮，竞豪奢。重湖叠巘清嘉，有三秋桂子，十里荷花……
>
> —— 柳永《望海潮》

每一个城市都有一种感觉。北京是庄严与混合，西安带着一股沧桑，成都有一种天生的悠闲，大理有着绚烂与淡泊，而钱塘则是带着一种贵气和才气。"烟柳画桥""云树堤沙"，仿佛是最美的童话，却是对杭州最真的描述。

钱塘，今称杭州，这个曾经盛产才子、美女和故事的地方，如今已是传统和现代、自然和人文的完美结合。城市整洁而有序，人们淡然而悠闲……当你某天骑着单车，在这个城市里游荡时，难免会心头一动，产生身在苏黎世的感觉。俗语说"上有天堂，下有苏杭"，这话一点都不假，苏杭自古便是钟灵毓秀之地，所以才孕育了"江南忆，最忆是杭州"的留恋与表达。

杭州的美不仅在于西湖的温婉与柔媚，还在于这个千年古城中带着悠悠古韵的青山和碧水。富春江是钱塘江的一段，江水清澈碧绿，两岸青山秀丽，山间曾发生过"严陵问古""双塔凌云""子胥野渡"等故事，后人便在故事发生的地方建造了一些祠、庙，以示纪念，于是形成了如今山水间的名胜古迹。

新安江是钱塘江干流的一段，自古便有"奇山异水，天下独绝"的美誉。人们所知的唐代诗人，不少都曾来过这个地方，并留下了许多名句。

如果说钱塘江的美景是沉静的、古朴的，那么千岛湖就是调皮的、生动的。千岛湖，一如其名，是一个有着数以千计小岛的湖泊。来到这里，放眼望去，湖中的小岛如玑瑶玑珠般，点点嵌在明净如镜的湖中。它们形态各异，风姿绰约，与烟波浩渺的水面交相辉映，颇有"天光云影共徘徊"的意境。然而事实上，千岛湖却是名副其实的人工湖，是新安江水力发电站筑坝拦江蓄水而形成的。尽管如此，这里的碧水、绿岛、怪石、奇洞成了千岛湖的"四绝"，尤其是这里的碧水，据说有一种甘甜如饴的味道，不禁令人感叹这里生活的繁华，

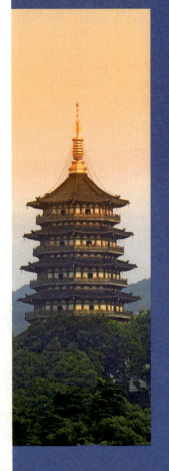

◀ **西湖边的雷峰塔**

因为《新白娘子传奇》，雷峰塔成了人们耳熟能详的名字。

▼ 杭州西湖的翠荷

来杭州，如果不游西湖，绝对是一件令人遗憾的事。

就连那一湖的碧水，也要如此奢华。

当然，在钱塘最能感受繁华的，还是在这里世世代代生活的人们。西湖边上林立的茶楼里，一曲评弹，一壶龙井，一袋瓜子，便是一天的消遣。他们这种喝茶方式，大概会被喝茶如牛饮，或是借茶谈商的人嘲笑了——这样悠闲的姿态，这样无谓的神情，岂是现代忙碌的人们所应有的？这样悠闲的一天，岂不是喝跑了所有的买卖？但杭州人却有着自己独特的看法，喝茶不就是图个无为境界么？

走在西湖边，看着杭州人或在雅致的茶舍，或在简约的茶座中，嗑着瓜子品着茶，你不得不承认，这是一个骨子里流淌着南宋贵族遗风的繁华地方。

夜色下的浙江嘉兴
"月河历史街区",
旖旎迷人。

嘉兴 *Jiaxing* ▶▶

远　去　的　水　乡

嘉兴没有难以担负的盛名，但却拥有其他江南小镇同样的民居、小桥和情怀……

在 没去嘉兴之前，相信很多人都会认为，嘉兴只有一个南湖，其美丽不抵西湖，其声名不如乌镇、周庄。但等你真的走进嘉兴，你就会发现，嘉兴其实是一座美丽的水乡，一座座古朴的民居依河而立，粉墙淡瓦，清雅而没有矫揉造作之气。或许她没有杭州那座城市那么精致，也不如同里、周庄人口那么密集，但她就是有一种气质，能带给人们一种意料之外的惊喜。

很多中国人最早听说嘉兴是在历史书上，那时嘉兴、南湖、船就像是一个标志，定格在中国所有少年的记忆中。而南湖其实不是一个湖，而是由形似交颈鸳鸯的东西两湖连成的。由于古时常有鸳鸯栖息于此，因此也名鸳鸯湖，是浙江的三大名湖之一。南湖的水与其他的水并没有差别，只是那一派烟雨

嘉兴南湖风光

迷蒙的景色，迷倒了众多文人墨客。春天，湖畔的柔柳如烟般轻轻摇摆，伴着丝丝烟雨，不知多少人为之倾倒。

乘一艘小船，来到湖心岛，著名的烟雨楼便赫然立于眼前。烟雨楼正楼高约20米，面积有640平方米，其中雕梁画栋，朱柱明窗，楼前悬着董必武所书的"烟雨楼"，具有一股非凡的气势。烟雨楼的名字，取自杜牧"南朝四百八十寺，多少楼台烟雨中"的诗句，自有一股清韵。

拾级而上，眼前的亭台阁榭、假山回廊，仿佛又将人带回《射雕英雄传》中，丘处机与江南七怪相约烟雨楼时的情境。湖畔柳如烟，楼前荷花曳，湿润的空气中透出一股香气。

在烟雨楼上观南湖别有一番情趣。当江南特有的细雨松松散散地洒落在南湖上时，湖面上下烟雨朦胧，心中自会生出一股似惆怅、似喜悦、似等待、似茫然的情怀来，让人说不出道不明。而湖中接天莲叶无穷碧的幽香，伴随着湖面上飒飒的微风扑面而来，又让人有一种说不出的感慨，或许这也正是"微雨欲来，轻烟满湖，登楼远眺，苍茫迷蒙"的精髓吧。

站在曲栏围绕的短墙旁，凭栏而望，楼与倒影相依相偎，人影幢幢，楼亦朦胧，只有南湖的水还是一如既往的清澈，一如既往的寂静而漫长……

❀范蠡湖公园。相传范蠡在功成名就之后，与西施一起退隐江湖，隐居于此。而这一处公园，就散发着婀娜的气息。

安徽

Anhui · 古皖情深

一条小溪，一座村落，青青的瓦片，白白的墙，这里就是绝美的尘世——安徽。路口的树下，温一壶老酒，约上一群朋友，聊聊家常，回忆回忆人生的得失，神仙的日子也不过如此。

黄山
Mount Huangshan ≫

巍 峨 秀 美

泰山的雄伟、华山的险峻、峨眉的秀丽，甚至于雁荡山的巧石、武夷山的蕴藉，在黄山，你都可以找得到……

黄山，聚集了人们对山的所有幻想，巍峨、神奇、俊秀、妩媚、阳刚，以至于几百年前便有人说过"五岳归来不看山，黄山归来不看岳"，可见黄山之奇。翻开散发着悠悠香气的唐宋诗篇，"丹崖夹石柱，菡萏金芙蓉""三十六峰高插天，瑶台琼宇贮神仙"等诗句扑面而来，让人不禁想问：黄山究竟有何等魅力，竟让千百年来的文人墨客对它如此钟情？然而，当你踏

上黄山的土地，呼吸着空气中弥漫着的丝丝甜味，抚摸着变得润润的、爽爽的皮肤，问题则迎刃而解了。

黄山是美的。它的美不仅在于山上的奇松、怪石，还在于黄山是与徽州合在一起的。还没有登上黄山，只是在徽州的路上，透过车窗，看见正冒着一缕缕炊烟的农舍，农舍前是绿意盎然的水田，而远方的黄山如黛，晨韵悠然。这一派田园风光就足以令人陶醉。

❖ 山中小路，曲径通幽处。

当银铅色的天空上开始飘起大片大片的雪花，伴着飒飒的微风，雪花便像北方春天的柳絮，漫天飞舞，然后缓缓而下。此时的黄山完全隐藏在一片雪雾里，而诸峰的峰峦峭壁和深壑幽谷，也都那么洁白无瑕，那么悠然潇洒，让人不胜欢喜。

当然，黄山的雪景并不是时时都可以看到的，它需要机缘。传说农历新年左右是黄山观雪的最好时机。偶有缘分的人，在新雪纷纷时来到这里，就会看到奇妙的雾凇、雪凇、冰挂、雪帘，以及一个恰似珊瑚盛开的冰雕玉砌的世界。但这种奇景是可遇不可求的，一如黄山上的传说。

❖ 黄山松自古以来就闻名于世。而那云雾笼罩中的青翠景象，更是如诗如画。

✿巍巍黄山。在这里，人可以感觉天地的伟岸与不朽。

黄山的雪景虽奇，但却不能让人震撼，真正让人震撼的是黄山的"变"，那不是依靠堆砌与媚俗而得来的喜悦，而是一种与生俱来、浑然天成的天赋与得天独厚的气质。最能体现黄山这种气质的，就是云海。

黄山自古就有"黄海"之称。一座山竟然以海为名，谁不说奇？然而，黄山真正的奇妙之处，就在于这里似海非海，山峰与云雾相幻化，意象万千，引发人的想象也跟着千变万化。按照地理分布，黄山可分为莲花峰、天都峰以南、玉屏峰、狮子峰、始信峰以北5个"海域"。其中，玉屏峰的文殊台是观"前海"的最佳处，其间云围雾绕，高低沉浮，是用自然彩笔画出来的天地。而在狮子峰顶和清凉台，不仅可以观看到瞬息万变的云海，还能观赏到曙日初照。据说，当太阳从诸峰上升起时，云的海洋顿时翻滚奔腾，太阳的金光浮在海洋之上，就像跳跃的金子，其艳丽程度简直难以用语言形容。

而黄山那块高达12米的飞天巨石，在云雾的幻海中时隐时现，仿佛真的从天外飞来般的，立在"空中"，无怪电视剧《红楼梦》要将它作为片头。

黄山游时间

黄山的旅游旺季是每年的3月中旬到11月中旬，但剩下的时间可能是黄山最美的时候，有"黄山最美季节"的美誉。黄山的冬季往往比较长，每年的10月下旬左右就可能下雪，通常12月至第二年的2月是雪最厚的时期，也是赏雾凇、黄山雪景的最佳季节。

其实，在黄山中，峰石的实与云海的虚幻是最完美的配合。无论是飞来石的险峻、奇妙，还是位于云谷寺至皮篷路口的"仙人指路"，都在云海的浮沉中，显出一片烟水迷离的景色，是在诗中、画中才可见到的景色。

这就是黄山。它的任何一个奇景，都可以被"模仿"，都可以在其他名山大川中寻找到痕迹，只有它天然合一的气质与气魄是独有的，是任何一座其他的山想"学"也"学"不去的……

九华山

Mount Jiuhua ▶▶

莲　花　佛　国

昔在九江上，遥望九华峰。天河挂绿水，秀出九芙蓉。我欲一挥手，谁人可相从？君为东道主，于此卧云松。

——李白《望九华赠青阳韦仲堪》

九华山中，九峰如芙蓉，"芙蓉"中，古刹林立，肉身宝殿中，香烟缭绕，于是人们称它为"莲花佛国"。

九华山的中心，是九华街，寺庙也主要集中在这里。在九华山上众多的寺院中，化城寺是九华山历史最悠久的古寺，建于晋代。据说，这座寺院之所以叫"化城"是有来历的。在《妙法莲华经》中记载，有一个"导师"带领着一队人去远地求取珍宝，由于道路艰险，疲惫不堪，人们心生怖畏，要打退堂鼓。带队的"导师"感到非常惋惜，便施神通力，在众人前方化现一城，让众人休息、冥想。"化城"由此而来。

沿九华街而上，九华山的美将一展眼前。溪水清澈，泉、池、潭、瀑众多，而群山掩映，险峰上峭壁怪石林立。峡谷、溪涧交织其间，流泉飞瀑，风光无限……

❖九华山是中国四大佛教名山之一。

西递与宏村
Xidi & Hongcun

桃 花 源 里 人 家

　　提起徽州，人们不禁想起一片灰蓝的瓦顶，粉白的墙，拱形的门壁，还有那嵌在墙上的一扇扇精致的市窗。每当拂晓，那蕙质兰心的徽州女子，轻轻地拎着一篓青菜，迎着斜斜地照在肩头的朝阳，向着那些院落走去……这就是那个如画般的地方，西递与宏村。

❖倒影在水中的古老民居

　　西递和宏村曾是徽州两个名不见经传的小村落，但却有着"桃花源里人家"的美誉。

　　穿过西递村村口的拱形门，远远眺去，高低不一却又紧密相连的房子，全是白墙青瓦马头墙，布局工整，结构精巧。明清时，西递村民大多是经商之家，家资殷实，因此修建的房屋也都很讲究。尽管如今这些屋檐与青灰色的墙壁，已经经历了百年的风雨，但在半晦半明的晨阳中，仿佛依然散发着明清的色彩。

　　西递人说"雨雪是金银"，于是家家户户都设有天井、亭阁、小池，雨雪皆落在自家的庭院，所谓的"肥水不流外人田"或许就是如此。随便推开老宅的门，天井、院落便展现在眼前，而宽敞的厅内陈设也一目了然。在西递的街口，还有一户人家的门口向后缩进了半米，门额上刻着"做退一步想"。据说，这是因为当年贪官污吏很多，主人为后人做的警示。这就是西递，尽管曾经辉煌，如今静寂，但那些静悄悄地散发着生活气息的小院，依然上演着故事。岁月只是埋葬了过去的风华，却抹不去心中的记忆。

同为"画里乡村"，如果说西递给人的是一种厚重感，那么，宏村给人的则是一种灵秀的意境。远山在沉沉的雾霭中若隐若现，岸边的垂柳在轻轻的微风中摇摆，三两只鸭游弋，四五片蝶翻飞，炊烟袅袅，燕舞莺啼，这是西递所没有的轻盈。

宏村的轻盈来源于萦绕在村里的水。村中心的水塘名为南沼，水源引自后山之泉，泉水流经各巷，在这个偏僻的小村落里形成了小桥流水人家的特点。或许正是山水的滋润，才让宏村的木雕如此精美。据说，在村里曾经的首富之家的承志堂中，有一根精美绝伦的雕梁。雕梁上为了展现琴棋书画，竟然栩栩如生地雕刻出36个形态各异的人物，令人叹为观止。

行走于西递、宏村，始终有种莫名的感动，仿佛这里有一股地老天荒的气息，淘洗着人们心底的喧嚣与浮躁，它不断地提醒你，生命不是耗费和使用，而是享受……

徽州民居

徽州建筑多为砖木结构的小楼，明代建筑以楼上宽敞为特征，而清代以后多为一厅堂两卧室的三间屋或一厅堂三卧室的四合屋，而且厅堂为明，卧室为暗。大门上装饰有山水人物的石雕砖刻，门楼往往建成重檐飞角的样式，四周高筑防火墙，形成一个院落。徽州建筑有一屋多进的特点。一般说来，一个家族住在同一宅子，而一家住一进。平日里，中门关闭，各家独户过日子，等到祭祀时，中门打开，族人都从大门进出，以祭奠先人。

❖宏村中的小桥。这里曾经是电影《卧虎藏龙》等的拍摄地。

江西

Jiangxi · 山水悠悠

江西的山雄伟博大，带着一股阳刚之气；江西的水清幽灵秀，有一股阴柔之美。流连于山谷，嬉戏在河边，看着那一幢幢古朴的老民居，以及旷野碧水上漂浮着的那几叶扁舟，一股余韵不绝的诗意顿然填满胸襟，不禁让人感叹，山水悠悠。

庐山

Mount Lushan »

浪　漫　超　然

日照香炉生紫烟，遥看瀑布挂前川，飞流直下三千尺，疑是银河落九天。

——李白《望庐山瀑布》

庐山的瀑布是人们最热切的向往。庐山的瀑布，庐山的水，有一种独特的韵致，它们深藏在诸峰、山间，犹如一幕幕从天而降的玉帘，令人迷恋。在庐山的众多水中，三叠泉最为著名。

三叠泉毗邻含鄱口，要想看到"飞流直下"的美景，需要沿着入口的小径，跨过小溪，最后再走过五老峰下长达千级的台阶，才能看见瀑布的全貌。不过，即使走过如此长的路，也不会疲倦，你可以悠闲漫步。两

❖庐山云雾环绕，像中国画里的山水。

✿大雪覆盖中的庐山

边参天的大树，已将小径的天空遮盖得严严实实，让人置身于一种"曲径通幽"的意境。行走于此，感受着林间凉爽的风，闻着扑鼻而来的泥土的清香，一身的疲倦不知不觉便已烟消云散。

当你终于走过千折百转的石阶，眼前豁然开朗，一道气势恢宏的瀑布热情地呈现在面前。只见一匹如玉的雪缎由山顶垂直而下，由远及近，由高而下，突然，半路突出的山石却将雪缎拦腰截成三段。巨大的水流冲击着岩石，飞溅着水珠，发出如雷的轰响，但山风却很温柔，夹杂着朦胧的水汽，轻轻抚着周围的人，湿湿的，凉凉的。而那巨大的水流，经过温柔山风的"感化"，最终也温温柔柔地落入了一潭清澈见底的水。

来庐山，除了看别致的庐山水、优美的庐山景以外，还有一个地方非去不可，那里就是白鹿洞书院。白鹿洞书院，坐落在五老峰东南，在海会镇与白鹿镇的交界处。千百年来，尽管它已地地道道地与庐山连在了一起，但却透露出与庐山截然不同的气息。

书院里的建筑气势恢宏，大殿重檐，灰瓦白墙，黑柱红拱，飞檐凌空，巍峨壮观，千百年来沉淀了浓郁的文化气息，让人不禁感叹，白鹿洞的历史中到底沉淀了多少闪光的思想，多少大浪淘沙后的文化，才孕育了今天文明的辉煌。

婺源 *Wuyuan*

淡　　淡　　情　　怀

❀油菜花中的古老房屋，显出时光的印记。

走进婺源，给人的就是这种细细的，斩不断、理还乱的感觉。春天的田野上，漫山遍野的油菜花在竞相开放。呼吸着清新的空气，思念就像荒滩上的野草，一阵疯长。

恐怕有很多人都觉得，灰瓦白墙、流水小桥，还有穿着蓝布衣裳的姑娘，是江南永远的色彩，但来到婺源你会发现，原来江南还有春天满山遍野的金黄、夏日午后的粉墙黛瓦、秋日凉凉的青石板路。婺源，原来是江南美丽村落的总称。

春季到婺源，你会置身于一片金色的海洋中，你的眼睛所到之处，鼻子所闻的气味，都是油菜花，只见远处的小山、近处的村落都在油菜花的笼罩下，引得五彩的蝴蝶翩翩飞舞。闭着眼睛吸一口气，湿润润、甜丝丝的感觉瞬间便充满了心间。在这片金色的海洋中，也偶尔点缀着些许粉红色的桃花、素洁的梨花，使得那大片大片的黄，显得是那么调皮、活泼。

❀油菜花开时，月亮湾的美丽风光尽显。

🍀婺源江岭。这里是婺源很有代表性的旅游目的地。

　　如果说春天的婺源是欢快的，被一片黄色的海洋掀起了喧闹的浪潮，那么夏天的婺源就是安静的、诗意的。早晨，行走于这氤氲着雾气的古村，看着一块块高低层叠的梯田，闻着嫩绿的水稻散发的特有的香气，让人心旷神怡。而拥有白墙灰瓦的村庄，静静地躺在这块宝地上，村中如镜般的河水，温婉而舒缓地流淌着，说不出的静谧、安详。村中小路两旁的古树上，鸟儿们正以清脆的声音歌唱着。

　　太阳渐渐升起，炊烟、狗吠，还有早起的女人喊孩子、男人起床的声音，让这个小村显得逐渐繁忙起来。跟着牵着水牛悠闲漫行的老人，踏着田埂上浓浓的露珠，尽管鞋子和裤腿早已湿透，但心却如早上初升的太阳，那么舒服，充满着希望。远处，早已有水牛在悠闲地吃草，偶尔有人走近，它转过头望一眼，然后又低头继续吃草。

　　当阳光终于跳脱了地平线，从白墙灰瓦的房顶上越过时，小村经历了一早的沸腾，又恢复了宁静。人们吃完早饭，或到田地里看看禾苗，或聚在村口的老树下低声聊着张家长李家短，看着日日成长的孩子，人间最美的日子也不过如此了吧。

　　婺源似乎没有秋季，无论是北风，还是寒冷，似乎都无法到达这里，但那万里的晴空却泄露了季节的秘密。在一个秋后的早晨来婺源，你一定会被这里的宗祠、老屋吸引。据介绍，自明代起，婺源的江湾就群贤辈出，孕育了一大批学士名流。为了当初的纪念，或者曾经的显赫，一座座颇有韵味的宗祠、

❀婺源的彩虹桥，倒影在桥下的水中，美丽非常。

老屋、亭阁、石桥、坝井相应而起。如今村中保存着三省堂、敦崇堂、培心堂、滕家老屋、江永纪念馆、南关亭、东和门、徒戎桥、水坝井等古风古韵的徽派建筑。

当然，其中最引人注目的便是萧江宗祠。萧江宗祠，又称永思祠，据说是大汉朝萧何的后裔所建。在《萧江全谱》中记载，北宋神宗元丰二年（1079），有避难的萧氏一族迁到江湾，因纪念先世是从北方渡江而来的，便改萧姓为江姓。谁知道，从萧姓改江姓的"萧江"子孙竟繁衍成了江湾的巨族，还于明代建造了这座江南70座著名宗祠中"最好的一座宗祠"。不过，它的存在经历了风与火的洗礼，虽然现在恢复了以往精美的模样，但难免流于现代的精美，缺乏了一种历史沉淀的古韵。

婺源的冬天是湿润的，就像一幅水墨画，分不清飘在空气中的，到底是雨还是雾。

而事实上，也正是如此。正是由于那山那水，深深地让徽州人着了迷，所以才创造出如此美丽的地方。

婺源小吃——糊豆腐

糊豆腐是婺源小吃的代表。人们将豆腐切成豆粒大小，倒进专门用猪大骨熬成的高汤里，加上特有的调料焖三五分钟后，再浇上熟猪油，放一些虾仁、肉蓉、香菇丁和笋尖，不停地搅拌，并撒入适量的米粉。待糊豆腐快熟的时候，再放入些许猪油、碎香菜和湿淀粉，搅匀，舀到盘里，浇上麻油，撒些胡椒粉和葱花即成。据说用婺源的水做成的糊豆腐味道鲜而清，具有别地品尝不到的独特口味。

Chapter 09

东南沿海行

· 伴着海风去呼吸

福建

Fujian · 异样风情

对北方人来说，这里本是一片遥不可及的地域。对于南方人来讲，这里仍有着令人向往的景观。有山，有水，有民居，武夷山的刚柔相济是福建的地域特色，鼓浪屿的闲适怡然验证了福建人的"艳福不浅"，还有那客家人的土楼，若即若离间，神秘地出现……

武夷山
Mount Wuyi ▶▶

刚　　柔　　相　　济

那似幻似真的景象时刻冲击着人们的内心世界，仿佛大自然的鬼斧神工用在武夷山时，便成了最刚劲有神的一笔……

朱熹曾长期在武夷山，教学的同时，更是深深地陷入对于这山的喜爱之中。翻过历史的篇章，看看面前的山峰，只有站在武夷山下，才能真正领略到那份隐匿已久的秀丽神奇。

在整个武夷山中，虎啸岩与天游峰最具代表性。取名为"虎啸"，源自传说中此处常有猛虎出没且踞岩长啸。且不论传说是否属实，每当大风吹过，山吹树林时树叶肆虐婆娑的声音真的犹如虎啸，或许是巧合，或许这才是其名字的真实来源。

登峰造极，遂来到天游峰。作为武夷山的名峰，天

❖武夷山九曲溪行船，别有意趣。

游峰显得格外雄伟壮观。如果说山中潺潺的流水刻画着武夷山的柔美气息，那么天游峰的巍然之气便是武夷山的铮铮铁骨。

武夷山有一种精神，那精神中写满了刚柔相济。豪情中暗含着阴柔之气，柔美中显出一丝坚强，仿佛象征着一种精神境界，而当地的人们，便是传承了这样的气质，在山中一下下开凿，终于修成了一条直通峰顶的道路。

乘着竹筏静静地随波游走，沿九曲溪而下的时候，心情也会逐渐趋于透明。那澄明如镜的水，瞬间便化作绿色的绸缎，牵曳着小舟朝向最美好的景色前进。人坐筏上，可以闭上双眼，悉心聆听自然界的和弦，可以看水看山，与鸟儿快乐地攀谈……

美得刚毅，美得阴柔，这便是神奇的武夷。人们皆流连于美丽的风景、宜人的秀色，更是在武夷山中迷失了来时的路。或许是因为，在身与心被涤荡时，灵魂被沐浴，思想也便随着灵魂开始了一段崭新的旅程……

❀虎啸岩、天游峰。其实武夷山的山景很有特色，大气铮铮。

九曲溪

九曲溪是武夷山中一处颇为出名的景观。流入景区的河流在自然的作用下，形成了深切的河曲。9.5千米的河流首尾直线距离仅仅是5千米，弯曲率达到了1.9，故被人称为"九曲溪"。九曲溪蜿蜒自如，从西向东，所经之处，晶莹剔透，佳境连连。

鼓浪屿

Gulangyu

心　灵　栖　息　地

　　鼓浪屿，一个从骨子里往外透出慵懒的地方。在这里，过上几天慵懒的日子，将身心涤荡得澄澈透明，重新启程时，眼前又是一片崭新。

人心会在不经意间涌起一点点寂寞，于是便有了种种悲欢离合。当现实中的空气不再清新，不如整理好行囊，将自己放逐到另一个地方。

　　碧海环抱间，鼓浪屿应运而生。鼓浪屿拥有濒临厦门的优越位置、迤逦的海岸线，海礁嶙峋的面孔被周围层峦叠翠的峰岩震慑得静谧，于是，那一片绮丽便开始快乐地放歌，一如笑容纯真的孩子。

　　日光之下，并无新事。鼓浪屿日与夜不断交替，却在更迭之时演绎出一份恒久。那画面中永远是大海与石桥，永远蔚蓝与通透。登上鼓浪屿的最高峰，眼前巨大而光秃的巨石充斥眼球。那，便是闻名遐迩的日光岩。站在日光岩上俯视，鼓浪屿的美丽被无限放大——一个如清丽女子般脱俗的海岛，一幅不可多得的美丽画卷。

　　日出之时登顶，任凭海浪拍打岩石的声音调皮地钻进耳膜，任凭太阳从东方迅速地移动至高空带来一缕炙热。当第一缕阳光照射到日光岩上，心中顿时涌起一股奇妙的感觉，那感觉，融合了心旷神怡与豁然开朗，甚是奇特。

古避暑洞

　　古避暑洞是鼓浪屿景区极具特色的山洞之一。洞中两旁支起从天而降的花岗岩巨石，给人以泰山压顶之感。而岩石上"古避暑洞"四个字由清末台湾文人施士洁亲题。石洞中明亮干燥，通风凉爽。

在日光岩的下方，菽庄花园如淑女般温柔地伫立。刚跨入大门，便与照壁逢个正着。紧接着，花园美景纷至沓来，池塘、假山、石桥、大海，相互映衬，相得益彰。不远处，孩子们爽朗的笑声随海风一同钻入耳朵，看着他们追逐嬉戏的身影，恍如回到童年时光。

✤ 福建省厦门市鼓浪屿岛上濒临灭绝的中华白海豚的塑像

在弯曲的临海石桥尽头，沿山而上，山腰正中，一座充满欧式风情的建筑巍然伫立。这便是著名的鼓浪屿钢琴博物馆。博物馆里，多架19世纪初遗留下来的各式钢琴被陈列其中。相传，鼓浪屿的海风曾滋润了这方土地，在这人杰地灵的地方，诞生了许多知名的钢琴演奏家。于是，这里又被冠以"乐岛"的美名。在鼓浪屿沿街而行，那窗子里传出的优美萨克斯风曲定能倾倒无数游人。

一切皆归于自然，让人心生感激。有些心情，似乎是因为来到了陌生的地点才能体会得分外深刻。而鼓浪屿确实是一个不可多得的心灵栖息地。嘈杂隐匿了踪影，烦恼躲藏起面庞，就在一片天蓝林翠间，你可以自由地奔跑与呼吸，自由地享受每一粒沙石、每一处恬淡。

✤ 鼓浪屿夜景

广东

Guangdong · 生息百态

这是一片特别的地域，有山、有石、有岩、有海，更有一大群朝气蓬勃、年轻有为的青年……

丹霞山
Mount Danxia ▶▶

火 红 的 热 忱

一片桃花源，最热忱的颜色，最宜人的风景线，文人墨客纷纷来此，只为采撷一份美丽，写出不朽的名篇。

有人说，它是粤北的骄子；有人说，它是南国的明珠。就在那层峦叠嶂间，一片片灿烂如霞的火红时刻提升着人们心中热情的温度。因为这一片优美的"姿色"，"中国红石公园"的美名被赋予其身；因为优美中凸现出的陡峭，才有了"桂林山水甲天下，不及广东一丹霞"之说。

丹霞山在湘、赣、粤的交界处，是广东四大名山之一，因为其独特的地貌，似刀削，如红霞，被来自五湖四海的宾客广为传颂。

这里独特的色彩在地质学上同样以"丹霞"命名。丹霞地貌，这个词"统领"起全世界的同类地貌。丹霞山在一片红色沙砾、赤壁丹崖中成为丹霞地貌的典型代表。

遥望丹霞山，那一片耀眼的红色甚是撩人心弦。而这红，原本属于侏罗纪至新生代形成的红岩，即"红层"。丹霞地貌在美国、中欧和澳大利亚皆有分布，却不如中国分布广泛，尤其在丹霞

❀丹霞山著名的阳元石

山，不仅面积大，而且发育最为典型，形状也最为丰富。这样的地貌注定生长出美丽的风景，于是，这中国第一的红色注定成为人们眼中独特的色彩。

❖丹霞山日落时彩霞满天

漫步于丹霞山腹地，感受着悬崖峭壁的巍然，每走一步，脚下人工凿成的石道都变得更为敦实。拾级而上，牵着两旁的铁索，明明知道安全，可是仍然抚平不了怦怦乱跳的心，就为了登高而望，就为了一睹丹霞顶的壮观。

终于登上峰顶，在古道间穿梭，视线中不断涌入千年老树的轮廓。那一棵棵粗壮的古树，悠然中透出沧桑，仿佛是见证了千年岁月的长者，在幽幽碧色中安详而立。那份宠辱不惊是凝岁月而成的大智慧，让人心生敬仰。

古老的树木、古老的道路、斑驳的墙微微泛出湿润的气息。此情此景，令人不禁涌起怀古之情。那丹霞山的秀色，曾经历几多沧海，几多桑田，几许风云变幻……

遥望峰顶，心中定会豁然开朗。远处那一片片壮美的秀色，在日夜交替的过程中演绎出绝美的风景，演绎中隐隐透出无限动容，恰似希望一般。那希望是对于山的希望，对于人的希望，对于这片火红的希望……同时，它还是在每个游客莅临之时，最为诚挚的无声的献礼。

丹霞山下层景区

丹霞山下层景区主要有锦石岩。在天然岩洞内有观音壁和大雄宝殿。洞中还能看到马尾泉和"鲤鱼跳龙门"等诸多风景。另外，"龙鳞片石"是其间著名的石块，随着四季的变更，石块不断变换着颜色。

广州 *Guangzhou* ▶▶

扶　摇　直　上　的　繁　华

华灯初上的街头，夜从这里拉开帷幕。充满无尽的幻想，这里是造梦的天堂。

❖广州越秀公园五羊雕塑

顾城有一句名诗："黑夜给了我黑色的眼睛，我却用它去寻找光明。"每次读起这经典之句，总是让人不由得想到广州。印象中，那城注定充满了无限繁华，起起落落间，人生，也便涤荡得更为透彻。

南下的火车，遥远的广州。那里有潮湿的阳光。在阳光斑驳的午后，透过茂密的树枝看光影摇晃，仿佛追忆着年少时逝去的青春，让人无限留恋。那里有珠江、烈士陵园、中山纪念堂，还有三元里古庙。不经意间，总会与繁华擦肩而过，地铁站边，还会邂逅古老的祠堂。

如果在阳光中到达这里，你应该不停地行走，感受广州和广州给你带来的一切。

从前的镇海楼，现在是广州博物馆所在地。当时珠江河道

❖在广州，不得不到的地方之一，就是中山纪念堂。

很宽，蔚为壮观，所以此楼称"镇海楼"，又称"望海楼"。5层高的建筑中，分朝代展出着广州城2000余年的发展史料，像是综述，又像是概括。在镇海楼前，历代碑刻伫立其间，只是望上一望，已是满眼的沧桑。在镇海楼前右侧，12门古炮整齐划一，威严之气可见一斑。

广州是一座具有悠久文化的历史名城。南越王墓、南海神庙、陈家祠等文物古迹陈列其间，在时间的长河中，文物与城市共同成长，成为独特岭南文化的见证。

❖ 夕阳照耀的广州珠江景色。

在广州，烈士陵园和纪念馆数不胜数。那里见证着城市曾经有过的艰难困苦和风雨飘摇，抑或是战火纷飞的年代，那举步维艰却笑容满溢的面庞。有一些人，曾经为了理想勇敢前进。烈士陵园中，空气清新异常，浓密的树荫下频频吹来清凉的风。看着花岗岩纪念碑，烈士陵园中又一份思绪被沉淀。触摸着石碑上的痕迹，想着当年的先驱曾经历过何等的艰难困苦，才换得今日的苦尽甘来。

从历史的尘埃中跳出，就该来感受下今日的广州。

珠江夜游是由来已久、极具特色的游乐项目。"花城明珠"号豪华游轮已正式启航，该船长38米、宽11米，3层高。首层内设高级咖啡厅和舞池；上层为观光和餐饮大厅，可同时容纳200人就餐；二层为全敞开式观光平台，可容纳250名游客。船上安装了两个"空中玫瑰"激光探照灯，加上游船上的璀璨灯饰，使之成为名副其实的水上明珠，不仅为珠江增色，而且令游客尽情观赏上边所叙述的美丽夜景，领略"珠水夜韵"的真实韵味。

"有容乃大"——这便是广州的写照。从古代到现代，从建筑到人群，落脚之处，总有那么一种"容"的精神在散发光芒，不然，那玉宇琼楼如何与高楼大厦交相辉映？那不同肤色的人群如何围成一桌吃着甜点？

广州的发展

自改革开放以来，广州的经济建设取得了颇为显著的发展。不仅工农业生产增长稳定，还在对外贸易方面发展迅猛。发展的40年之间，广州已经以其飞快的经济增长速度跃居中国城市经济实力综合排名第三位。除此之外，其雄厚的工业基础更是为第三产业的发展提供了帮助。

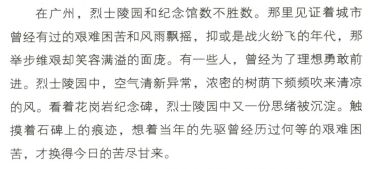

海南

Hainan · 舒适人生

来"天涯海角"当一辈子的渔民，我也甘愿。如果能时刻感受那习习海风的舒爽，我愿抛弃事业至上的信条、高收入的需求、对豪景别墅的憧憬……在三亚，于沙滩跺跺脚，与海龟亲亲嘴，和椰树拍拍手，这样的日子，人生一世又能度几天？

亚龙湾
Yalong Bay

执　　子　　之　　手

在素有"东方夏威夷"之称的海南，"湾如虹，白如雪，细如面"是三亚的亚龙湾最真实的写照。

阳光，椰树，碧海，白沙。在灿烂的阳光下，有一位身着一袭白纱的新娘，对着镜头灿烂地微笑，幸福的光环围绕周身，比海南炽烈的阳光还要耀眼。

蓝天为证，大海为凭，执子之手，与子偕老。似乎亚龙湾总是在成全关于爱情的、诚恳的誓言。天之涯，海之角，无数互诉衷肠的恋人将爱的承诺抛向美丽的三亚。在亚龙湾，我们一同来回味爱情，找寻当年余温未了的表白。

夕阳西下，被晚霞漆红了天空，流云一直烧到天空的尽头。白天的燥热散去，清凉的海风拂过脸庞，轻

❖亚龙湾海滩出现美丽的彩虹。

❖这里是度假的天堂，在这里能感受到无比的放松与奢华。

吻你的耳际，一种暧昧的气息瞬间弥散在整个亚龙湾。这个时候侧躺在藤椅上，微闭双眸，任雪白的浪花拍打着沙滩向你告别，听海鸟一圈一圈在空中盘旋鸣叫。张开双臂，让大海的能量洗涤内心的浮躁，勇敢地、轰轰烈烈地面向大海，高喊爱的誓言。不需要俗套的单跪礼，不需要泛滥的玫瑰，这就是最纯粹最浪漫的表白。

亚龙湾汇聚了世界上顶级的五星级酒店，不论是希尔顿还是丽思卡尔顿都在这片美丽的南中国海的海边，将奢华演绎到极致，日复一日地微笑着，扮演着迎来送往的角色。

夜晚的亚龙湾是享乐的天堂，酒店里是一派歌舞升平的繁华景象。海滩边热闹的烧烤店中，新鲜的海鲜散发着诱人的香味；一些游客将私家的游艇开到海中央，享受着奢华夜晚……

亚龙湾是中国最美的海滩，不仅因为它的风光，还有它被赋予的爱情的含义。在亚龙湾，我们被热带的气息团团围绕，喝甜甜的椰汁，吹咸咸的海风——享乐无穷。

亚龙湾地文景观

在亚龙湾热带天堂森林公园中，一处特别的景观尤为突出。主峰红霞岭海拔高度450米，在峰顶上有一组天然巨石，形象酷似端坐的弥勒佛，而其怀中的一棵歪脖子树如同龙头拐杖，整个形象栩栩如生。当地的村民将此供奉为山神，自古以来皆对此景顶礼膜拜、祈福。

三亚 Sanya

舒　享　人　生

这里没有上海的紧凑步调，没有北京的凝练厚重，一切似乎出自睡梦中的温柔乡，看到的是河水悠闲地穿越山谷，淌过田野，在"鹿回头"与海水交汇，直至一同奔向一片湛蓝。

三亚是一个特别的地方，上帝把智慧赋予人类，而为了奖励人类的智慧，又把三亚从天堂转移到人间。虽是虚构出来的故事，却在不经意间流露出人们对于美丽三亚的无限憧憬。三亚是"人间天堂"，是"蜜月天堂"，是"旅行天堂"，在这个广阔的"天堂"里，人们的脚指头在银色细沙中快乐舞蹈。挽起裤管的那刻，恨不得立刻跳进大海温柔的怀抱，与之热情相拥。

三亚是静谧的三亚，坐拥古镇，将古朴悠然糅进无限美好之中。在这里，转身便与美景撞个正着，嗅到一阵槟榔的气息。

三亚是随和的三亚，传说多多，却只是任海风徐徐地吹刮，给人们带来的是无尽的舒爽、无尽的清凉。

三亚是惬意的三亚，没有压力。渔船欢畅地行驶在河的中央，还没靠岸已经传来小火炉中美味的鲜香……

踩在金沙中一路前行，看着远处湛蓝的天空与海面深情凝视，一瞬间，甚至不由得停下了脚步，生怕打扰了这份蜜意。

❀ 蓝色的海岸带给了三亚许多财富。

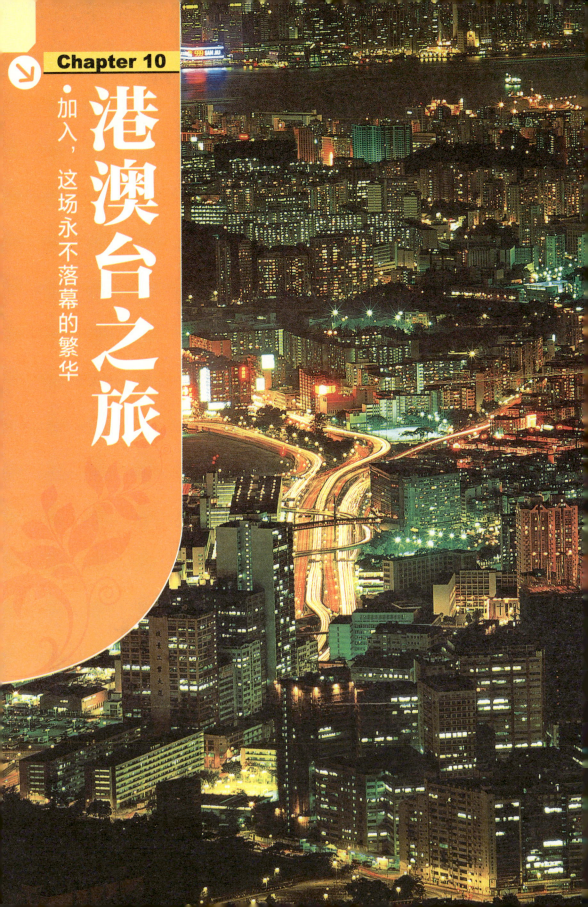

Chapter 10

港澳台之旅

加入，这场永不落幕的繁华

香港

Hong Kong · 繁华姿态

永远看不完的电影，永远逛不完的商场，永远吃不完的宴席，永远弃不掉的节奏感。这里是香港，不仅是中国璀璨的明珠，更在世界上熠熠生辉；这里是香港，浮华背后，有过彻夜的形孤影只……

香港岛
Hongkong Island >>

东　方　之　珠

一地繁华，一世落寞。落寞的前生已逝，一片紫荆花丛中，新的生命如同喷薄而出的朝阳，再一次冉冉升起于古老的东方大地。

香港，人们每每提及都要无限感慨。感慨来自它的落寞、它的繁华、它的历史、它的人文……香江水载着陈年旧梦一同流走，香港岛，从此与九龙、新界一样成了上天的宠儿。不然，一片霓虹之中的璀璨夜色，何以成为都市节奏与时尚风向标的双重代表，带动整个亚洲的步伐？

香港岛的景色之美远近闻名。首选的观赏位置，必然是太平山顶。乘上缆车，几分钟的光景，便来到山顶缆车的总站凌霄阁。这绝对是一次难忘的经历，当缆车从总站到观望台，沿途与香港杜莎夫人蜡像馆意外邂逅，再往前，是一个动感影厅。观望台名为"狮子亭"，从这里俯视整个香港岛，可以将不同姿态的秀丽景色尽收眼底。

白天的香港岛是绿色的港岛，在一片碧色中舒

❖香港高楼大厦林立，而这一座则鹤立鸡群。

展开来。夜晚的香港岛是迷人的，无论是维多利亚的美丽还是汇丰银行的高大，总会让人觉得这片繁华中凝结了太多人的努力，所以更加值得珍惜。

❖ 夜色中，维多利亚港湾的美丽无与伦比。

香港岛的繁华有一半是源自这里的人文气息。从紫荆花的故事到香港20世纪八九十年代对内地的不断深入的影响，动作片、歌坛的领军人物频频亮相，让人们打开了视野，更加了解这个孕育独特文化的岛屿。

一直以来，这里都被誉为"购物天堂"，免税店多，名牌多，让女人们垂涎欲滴。无论是中环的皇后像广场，还是金钟的太古广场，再或是铜锣湾的记利佐治街，所到之处，皆是数不尽的高级建筑，一片繁华之景。与此同时，铜锣湾的美食还能充分燃烧起人们的味蕾，在这里，填饱肚子变成了一种尊贵的享受。

漫步于香港的街头，即便只是闲适地行走，也能感受到一种独特的氛围。那氛围来自香港岛的人群，来自独特的文化底蕴。怀旧的建筑物，充满老香港味道的街衢，晨曦中显得分外醒目的维多利亚港，为这个繁华都市平添几分华彩。

一沙一世界，一花一天堂，这话说的便是美丽的香港岛。

深水湾

深水湾位于香港南区南岸的中部，是一个游泳海滩。位置在浅水湾的西北，南朗山之东。这里有颇多的高档住宅。因为水深故被命名为"深水湾"。

澳门

Macao · 清幽阡陌

　　中西合璧是澳门最大的特点。面对今日的繁华时，人们仍不忘怀古，静静地品味那种残缺的美丽。

大三巴牌坊

Ruins of St. Paul ≫

最　　美　　的　　残　　缺

　　来澳门，一定要来看看大三巴牌坊。也许它不够独特，不够别致，可是它的凝重的历史色泽却成为人们一定要瞻仰的理由。

漫步于澳门的街市，身心都会感觉到从未有过的舒坦。虽然四周是随步伐流动的景色，可是静谧却仿佛在它们身上贴了标签，一切是那么安详，就连时间也是悄悄地流淌着，生怕惊扰了匆忙的人们。

　　如果留心观察，你会在漫步的时候偶遇各种各样的教堂与庙宇，在这些教堂中，要数名为"大三巴"的圣保禄教堂最为著名。相传，在1562年这座教堂已经建立，也是当时整个东方最大的教堂。作为当时的风景名胜，它不断遭受外来侵略，如今，就已剩下残存的部分。历经三次大火与百般蹂躏后，残存的前壁成为人们回顾的平台。这平台，便是"大三巴牌坊"。

　　高高矗立着的大三巴牌坊，犹如从战场中走出的士兵，经历一番枪林弹雨后，因体力不支而显出疲惫不堪。站在台阶上向上望，仿佛天空都因它而变得凝重。这座本建于16世纪的教堂，是

 大三巴牌坊

经历怎样的大火和怎样的不幸，才变成今日的模样？看看那残存的前壁，那不甚清晰的圣经故事石碑，看看那圣人的铜像，也许它们正低低地讲述着教堂曾有过的辉煌岁月。

拾级而上走到大三巴牌坊跟前，顿时觉得空气都变得庄严而肃穆。那个高大的牌坊，将前尘往事统统收纳，当我们面对它的瞬间，它再将那些往事一一重述。残损的痕迹，便是让人凭吊的示意，而其中的寓意，每个人的理解却都不相同。

那些栩栩如生的雕像，时至今日依然能看出技艺的精湛。那高超的建筑与铸造工艺，或许是因为牌坊的残存才得以流传至今。

❖基督被钉在十字架上的塑像。

变的是人，不变的是景致。每每看到大三巴牌坊今日的容颜，总是容易让人不断回想过去，那曾有过的已逝去的美丽。然而，一种残缺的美感就在这个瞬间被重新点燃。或许是无奈，或许是沧桑，可是，那种历经沧桑后显出的美丽，就如同维纳斯一般，有着蛊惑人心的魅力。

几只和平鸽绕着牌坊上空盘旋而落，迈着闲适的步子走在大三巴牌坊脚下。也许，这便是某种程度上的新生吧。就在一瞬间，心弦被轻轻地拨动。

台湾

Taiwan · 朝气人生

朴素中隐隐透出一丝淡雅，简约却不简单。儒雅的内质，充满难得的人文之气，有时候却也调皮，即使是淑女也会流连于路边的小吃，即使是绅士也可能骑着摩托车乱转……

台北 *Taipei* ▶▶

人 文 之 约

这里有精巧的咖啡店，也有热闹非凡的电影院，有淑女们抿嘴而笑时的优雅，也有婆婆妈妈们砍价时的夸张……

台湾是这样一个地方，有上海的繁荣相，有北京的古朴气，不匆忙，不浮躁，却又充满无尽的生活气息，从平凡市井中便能领略到这里独特的文化味儿。"不到台北，领略不到台湾的繁华。"有人留下这样的句子。的确，和其他地方比起来，台北是台湾最繁华的地方。

台北的夜市闹。在台北，逛夜市就如同赶场子，少了哪场都不成。不是为了欣赏迷人夜色，而是为了奔赴小吃的"战场"。小吃摊主娴熟的技艺让人对美食的味

道信心十足。在地铁士林站下车，眼前人头攒动的场景便是台北著名的小吃集市。前摊后店的格局，小吃与服装相辅相成，担仔面、鸭血汤、酱爆鸡排……让人垂涎三尺。

台北的交通"乱"。这里的"乱"，不是说车辆有多么地横行无忌，而是那满眼的摩托车，行人稍不留神，耳边便是一阵呼啸而过的风声。台北的摩托车就如同大陆的自行车一般，被使用的数量惊人，无论是学生还是在职人员，每到交通高峰期，定是车潮汹涌。与此同时，"乱"的又一大因素便是流浪狗。据说，台北的政府一夜间便能捕捉近千只流浪狗，而且这些狗狗见到生人会摆出一副"大义凛然"的姿态，面不改色心不跳，让政府头疼得不行，成为台北富有特色的一道"风景线"。

台北的菜市牛。台北人注重传统，不忍放弃流传了多年的文化。在台北，传统的市场被人们叫作"菜市阿"，几条街巷一个，在台北居民生活中扮演了至关重要的角色。

台北，有些"碎碎念"的城市，有些"乱糟糟"的城市，却又是一个充满了人文气息的娟秀的城市。漫步在台北的街头，总是让人在途中忍不住回头凝视。一片繁华景象在重重绿意的包裹中显得格外可爱，欣喜之余，只能多走走，多看看，记录下点滴，封存下这份特别的记忆……

龙山寺

龙山寺所在的万华区古时候称"艋舺"，是台北开发最早的地方之一。清代中期，这里与台南、鹿港一并称为"一府、二鹿、三艋舺"。在修建之初，主要供奉的是观音菩萨。过去，这里是台北市香火最旺的寺庙之一。即使在今天，这里依然香火鼎盛。

❖ 俯瞰台北，101大楼是标志性的建筑。

日月潭

Sun Moon Lake ▶▶

山　自　凌　空　水　自　闲

同是水光山色，这一泊潭水，却显出分外的幽静。它像尘世中绝尘的一处仙境，矜持中尽显怡人姿态。

日月潭，一个美丽的名字，蕴含着一个动人的传说。

在台湾中部的玉山之北、能高山之南，日月潭被水社山温柔地呵护着，被大尖山英勇地保卫着。这汪台湾最大的天然湖泊，时刻以美丽的风光与宜人的气候被人们喜爱，并被冠以"台湾明珠"的美名。宝岛若是有仙女，一定出生在这里，若是有仙境，这儿一定是首处。日月潭本来分为日潭和月潭，两潭相连又看似独立，却因为兴修水利而连为一体，从上空俯视，更是应了"明珠"的称号。

相传，这汪潭水本叫"龙湖"，一对恶龙居住在湖底。有一天，公龙飞身跃起，一口吞下太阳。夜晚月亮出现在天边，母龙也跃出水面，将月亮一口吞下。它们在潭里肆意游走，把太阳和月亮吞下又吐出，当成玩物，而人间，却因为太阳与月亮的消失变得漆黑一片。万物皆面临着死亡的威胁。

这时候，英雄出现了，他们便是智勇双全的大尖哥与水社姐。他们悄悄地前往恶龙居住的岩洞，打探到恶龙最怕的是埋在阿里山脚下的金斧头与金剪刀。他们在黑暗中摸索前进，经历各种艰难困苦，终于拿到了这两样制胜法宝。大尖哥跳到潭中，用金斧头砍得恶龙遍体鳞伤。水社姐适时而动，用金剪刀把母恶龙的肚子"咔嚓"一下剪成两段。日月就这样又重新回到了空中。为了保护潭水，大尖哥和水社姐从此便守护在潭的两边。就这样过了许多许多年，他们两个人竟然化作高山。大尖哥高而笔直，被人们称作"大尖山"，水社姐俯首弯腰呵护着潭水，被人们称为"水社山"。

不知何时起，人们愈加发现湖北边的形状像是日轮，南边酷似新月，于是，将龙湖更名为"日月潭"，以此纪念大尖哥与水社姐的付出。

站在日月潭边，除了仰慕之外还有深深的震撼。那环湖的碧色、那层峦的翠绿、那水面的辽阔，让人忍不住陶醉其中。清澈见底的湖水，在阳光下泛出粼粼波光，山的影子倒映在水的心里，温馨的场面让人动容。

湖中泛舟，让人如临仙境。"山中有水水中山，山自凌空水自闲。"早在清代，曾作霖便这样赞美这片碧绿。优雅宁静中，心中与湖面一同漾起无限美好。

乘坐上游轮，湖中心的光华岛已经隐约现于视线当中。四方形的小岛，鹅卵石的地面，原来这里曾是邵人部落。居住在这样的地方，是不是会觉得自己已经羽化而登仙了呢？据记载，清朝时这里曾建有书院，在"九二一"大地震后，岛上的设施被损

❀烟波浩渺的日月潭

教师会馆与涵碧楼

在日月潭的西北方，距离潭水口不远处，有一个探向湖面的小半岛，岛上已形成观光中心且有居民长期居住。教师会馆是岛上一处教育界人士的休闲疗养中心，设备完善，规模宏大。而涵碧楼，则是一个达到国际水准的大旅社，除了三面向潭，还四面凌空。从楼上向下俯瞰，日月潭的山光秀色纷纷映入眼帘。

坏，可是在邵人的争取中，这里成了他们祭祀祖宗的地方。

在环绕的群山中，到处是名胜古迹。文武庙便是其中的典范。在文武庙中，孔子与关羽共同被供奉，这样的情况非常少见。文武庙位于日月潭背面的山腰上，那里地势十分险要。站在文武庙向整个潭水眺望，阳光下湖面荡漾，柔和的风拂过面颊，使人身心愉悦。山脚到庙门处的365级石阶，象征着一年的时光。庙门楣处"崇文重武"四个大字刚劲有力，透出庄严之气。

在距离文武庙2千米左右的青龙山上，玄奘寺高高伫立其上。相传，玄奘寺内供奉着玄奘法师的一部分灵骨。"民族宗师"的字样高悬于寺中，以此来纪念玄奘法师西天取经的艰难，以此来表达人们对于他奔赴西天的崇敬。青龙山巅，慈恩塔跃然可见。这座塔依照辽宋古塔的八角式样而建，每层的檐尾部都挂着小钟，迎风作响，声音清脆，沁人心脾。

日月潭，身在台湾，心若置于仙境。每每流连，总让人身心愉悦。那样清幽的水色，那样碧绿的山峦，眺望之时，心中仿佛涌入无数潭水，冰凉宜人。

❖日月潭不仅有美丽的传说，更有无边的美丽景致。

阿里山
Mount Ali ▶▶

山　　高　　水　　蓝

高山长青，涧水长蓝，

姑娘和那少年永不分呀，

碧水长围着青山转……

阿里山的姑娘美如水呀

阿里山的少年壮如山唉……

——《阿里山的姑娘》

❀阿里山的樱花火车，使游人乐而忘归。

还是孩子时，每每听到这欢快的歌曲，大家都会揪起裙角，快乐地舞蹈一番。那时候不知道阿里山是哪里，依稀觉得那是个充满了无限神秘和甜蜜的地方。

阿里山的海拔超过2600米，东面挨着玉山。从前这里并不出名，随着森林资源不断被开发，每年2月到4月，这里登山赏樱花的游客络绎不绝，那缠绵悱恻的美丽，会在洋洋洒洒的飘落中触动每个人的心弦。在一片秀丽的景色中，阿里山蜿蜒在玉峰山脉间，于是人们喜爱它，流连于它。阿里山因火车而著名，因云海而著名，因日出而著名，因那擎天的"神木"和鲜艳的樱花而著名，似乎在一夜间，这里便成为全球的旅游胜地。人们说"不到阿里山，便不知台湾美"。

在空间距离仅为15千米的阿里山，盘旋其中的铁路却达到了72千米，加上各个林区的支线，长度超过了1000千米。如果算上沿途中的82条隧道，更是有1300千米之长。这样的长度，难怪会被全球瞩目。在超过100年的历史中，铁路线不仅为运送木材提供了便利，更让外界了解了这个美丽富饶的地方。

❀林木葱茏的阿里山景象

如果想观看壮观的日出和喷薄的云彩，一定要在前一天下午赶往火车站。红色的车身，墨绿色的窗子，在阿里山中徐徐前进。那盘旋铁轨上的列车，仿佛万花丛中一缕馨香，在人们的视线中化作淡淡的一笔，却隽永。车厢中有些陈旧的陈设，有长长的靠椅，吊环拉手在车行驶的途中一晃一晃地变换着步调。眼中的一切，仿佛一张浪漫的微微泛旧的照片，让人忍不住凝视，将景致烙在脑海中。

整个登山旅途也充满了喜人的场景。不过短短几个小时，却看到了从热带到亚热带，从亚热带到温带，再从温带到寒带的各类型植被景观。热带的桉树、槟榔树分外挺拔；亚热带的樟树、楠树矫健多姿；温带红桧浪漫多彩；再往上，便是林涛万顷，一片阴冷之中，寒带植物犹如海洋波涛，在劲风过后发出雷鸣一般的声音。晶莹的泉水飞奔向前，仿佛是急行中的卫士，流过便是对山容水态的洗礼。

登高远眺，一片空灵中，云层如铺絮般壮阔，像汪洋，却比汪洋更宽广。这样的景观，便是阿里山著名的云海，让人叹为观止。

登上阿里山的祝山顶观望楼，耐心等待日出时的壮美。其间空中鱼肚泛白，初升的太阳从晨曦中慢慢睁开双眼。天空应和着太阳的色泽而不断发生着变化，从墨蓝到淡蓝，从淡蓝到灰白，从灰白到金红，每一次变换，都像是蜕变，都像是灵魂重新破茧而出。待到太阳高挂在空中的那刻，整个山头光芒万丈，金碧辉煌。

❀阿里山在开满樱花的季节尤其灿烂。

但凡来到阿里山的人，必然一睹"神木"的风采。其实"神木"本是红桧树，却因为它的"非百年不能成材"而闻名于世。馥郁的清香糅进历史的厚重，因为历经沧桑，所以被封为"树神"。这"神木"无论是寿命或是体积，皆属罕见。站在树下，不妨为一段姻缘祝福，为一段亲情祈愿。

是殷红，又是雪白，一片锦绣中，那樱花的美让人喜上眉梢。每到

❀登上山顶，就可看到日出在云海之上。

樱花开放的季节，那如海洋一般夺人眼球的一片片色彩，壮观中带着一丝骄傲。每个有着浪漫心思的人，都会在这样的景色中欲罢不能。远远望去，原本便美丽的阿里山更是犹如穿上绿底红花的礼服，在大自然的舞会中优雅起舞。

沿着阿里山的美丽，开始一段寻找爱情的旅程。虽然与往昔不同，阿里山的美丽姑娘早已纷纷奔赴台北实现自身的梦想，可那秀丽的景色丝毫没有打折。

人们因为那甜蜜的歌声来到这里，因为阿里山娟秀的景色而恋上这里，无限遐思涌上心头，仿佛眼前和谐的画面本身便是一首优美的《阿里山姑娘》，让人再一次迈出步子，忍不住翩翩起舞。

野柳 *Yehliu* ▷▷

沧　桑　的　史　诗

　　这个世界上，究竟有什么能够恒久？是海誓山盟的爱恋，还是那埋藏在地域深处的化石？或是微不足道的一笔，或是在不经意间幻化，却化作千万年的坚韧，被后世挖掘、瞻仰，遂陶醉于它那沧桑的史诗一般的容颜，一段记忆从此续写出又一篇章。

❖ 野柳似幻的夜景

在台湾，人们总是禁不住踏上那狭长的海岬。海岬位于台湾岛基隆西北方的15千米处。这里，每时每刻都在上演着穿越千年的爱恋。

野柳，一直以来都是世界岩石的奇观之一。它形成的原因本海浪的侵蚀、岩石的风化、海陆的相对运动、地壳运动等。或是蜂窝状，或是豆腐状，或是生姜状，它们形成了海岸的单面山、海岸上的海蚀崖或者海蚀洞，等等地形，成为野柳独树一帜的风景。

在野柳的海蚀平台上，最常见的便是海胆化石。它们外形如圆盘，看起来略显出坚硬的特质。同时，一种生物活动的痕迹化石也出现在这里，它们的外形好像一根又一根沙棒插在野柳。据说，这些化石验证了从前这里适宜生物生活的舒适环境，而也是因为生物频繁的活动才扰乱了岩层的发育。

野柳风景区的奇岩中，"烛台"当首屈一指，因为它的罕见，因为它略呈锥形的烛台形状。那伫立在地面上不到1米高的石块，上面细下面粗，在正顶部中央有圆形的石灰质石块，周围还有槽沟，像极了烛台。这里还有鲤鱼石，顾名思义，状如鲤鱼；海龟石，或许它曾与真正的海龟对视；蕈状石的外形好像蘑菇一般，在很细的石柱上托着一个大大的岩球，像顶着蘑菇盖。据说，蕈状石排列还有着特别的规律，180个皆集中生长在同一片地方。"女王头"便是蕈状石中最具代表性的作品。

❖野柳的烛台，乍望去，真乃名副其实。

一切皆是大自然的造化。因为大自然，生物成为化石，石头成为奇石。因为宿命，我们爱上美丽的台湾，因为宿命，我们注定来野柳走上一遭，遐想联翩……

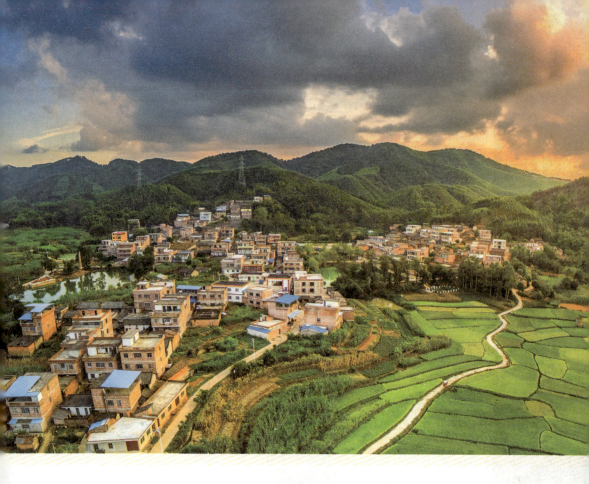

走遍中国

选题策划：E款图书

文图编辑：韩　飞

美术编辑：苟雪梅

图片提供：视觉中国

北京全景视觉图片有限公司